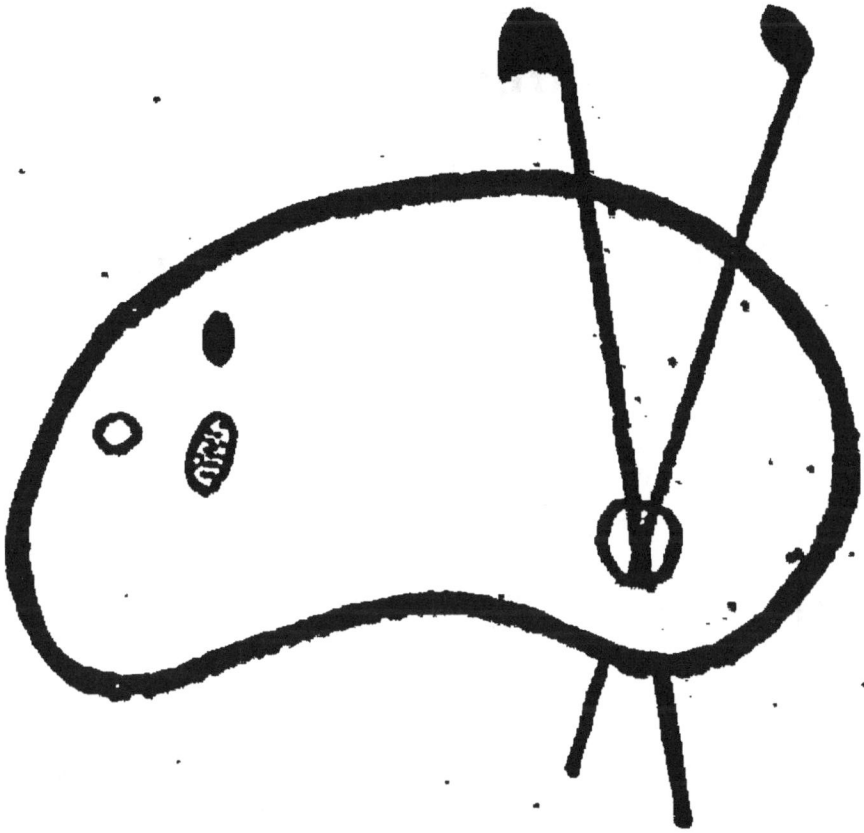

# CATALOGUE

DE LA

# COLLECTION

FORMÉE

## PAR M. DIDIER PETIT, A LYON

CONSISTANT EN

## ÉMAUX

FAIENCES, VERRES DE VENISE, VITRAUX, PEINTURES
MANUSCRITS, IVOIRES, MEUBLES, OBJETS DIVERS
DU MOYEN AGE ET DE LA RENAISSANCE
MÉDAILLONS, MÉDAILLES, MONNAIES
SCEAUX, BIJOUX, ARMES, ARMURES
TAPISSERIES, ANTIQUITÉS
ROMAINES, ÉTRUSQUES
ETC.

## PARIS
### DENTU, AU PALAIS ROYAL

LYON, IMPRIMERIE DE LOUIS PERRIN

M.DCCC.XLIII

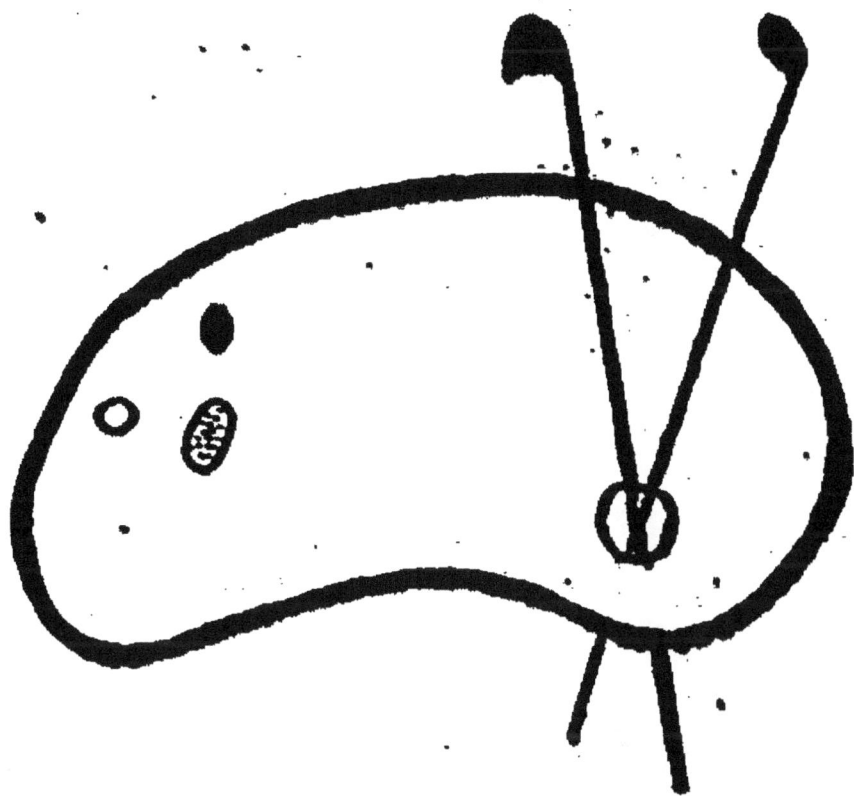

FIN D'UNE SERIE DE DOCUMENTS
EN COULEUR

# CATALOGUE

DE LA

## COLLECTION

FORMÉE

PAR M. DIDIER PETIT, DE LYON

## NOTA.

Les inscriptions et signatures des objets détaillés dans ce Catalogue ont été relevées exactement avec leur orthographe; cet avertissement nous dispensera de mettre les marques d'usage à chaque faute.

# CATALOGUE

DE LA

# COLLECTION

FORMÉE

# PAR M. DIDIER PETIT, A LYON

CONSISTANT EN

## ÉMAUX

FAÏENCES, VERRES DE VENISE, VITRAUX, PEINTURES
MANUSCRITS, IVOIRES, MEUBLES, OBJETS DIVERS
DU MOYEN AGE ET DE LA RENAISSANCE
MÉDAILLONS, MÉDAILLES, MONNAIES
SCEAUX, BIJOUX, ARMES, ARMURES
TAPISSERIES, ANTIQUITÉS
ROMAINES, ÉTRUSQUES
ETC.

## PARIS

### DENTU, AU PALAIS ROYAL

LYON, IMPRIMERIE DE LOUIS LESNE

M.DCCC.XLIII

# COLLECTION

DE M.

# DIDIER PETIT DE LYON

## SÉRIE DES ÉMAUX

## 1

### ÉMAUX A COUCHES SUPERPOSÉES SUR LE MÉTAL

N° 1 — ÉMAIL ovale, de 16 centimètres de haut, sur 13 et demi de large; peinture de couleur, représentant saint Augustin; légèrement endommagé dans le bas; attribué à un Nouailher. (XVIII° siècle.)

2 — ÉMAIL ovale, de 19 cent. de haut, sur 16 de large; peinture de couleur, représentant le baptême de Jésus-Christ; légèrement endommagé dans le bas; signé au revers : *Bapt. Nouaillier a Limoges.* (XVIII° siècle.)

3 — ÉMAIL carré long, de 17 cent. de haut, sur 15 de large; peinture grisaille et dorure, sur un fond noir, représentant une cuisinière mettant du gibier à la broche; inscription au bas : tonis·I· L·, qui est la marque de Joseph Laudin. Au revers : *Laudin emaillieur au faubour de Magnine a Limoges.* I·L· (XVII° au XVIII° siècle.)

4 — ÉMAIL carré long, de la grandeur du précédent; représentant un chasseur portant sur son doigt un faucon et sur son bâton un oiseau mort; inscription au bas : aer· I·L. Au revers : *Laudin emaillieur au faubour de Magnine a Limoges.* I·L· (XVII° au XVIII° siècle.)

5 — ÉMAIL carré long, de 12 cent. de long, sur 9 de large; peinture de couleur, représentant Ste Scholastique; signé N., qui est la marque de Nicolas Laudin. Au revers : *N.audin emaillieur proche les Jesuistes a Limoges.* Très-belle exécution et conservation. (XVII° au XVIII° siècle.)

6 — ÉMAIL carré long, de 24 cent. de haut, sur 17 et demi de large ; peinture de couleur, représentant l'intérieur d'une pharmacie de moines, et les préparatifs d'une prise d'habit ; de la plus grande finesse d'exécution, et d'une belle conservation ; signé I·L· Au revers : *Laudin au fauxbourg de Magnines a Limoges*, I·L· (XVIIᵉ au XVIIIᵉ siècle).

7 — MÉDAILLON ovale, de 11 cent. de haut, sur 8 de large ; peinture de couleur sur paillons, représentant un sujet mythologique ; attribué à Susanne Courtois. (XVIᵉ siècle.)

. 8 — ÉMAIL carré long, de 22 cent. de haut, sur 17 et demi de large ; peinture de couleur, dessin lourd ; pour inscription : S MARIE MADALAINE ; attribué à H. Poncet. (XVIᵉ au XVIIᵉ siècle. )

9 — ÉMAIL carré long, même grandeur et genre que le précédent ; inscription : SAINC· IEROESYE. (Même époque.)

10 — ÉMAIL carré long, de 8 cent. de haut, sur 6 et demi de large ; peinture de couleur, représentant saint Alexis ; inscription : S. ALEXIVS· I· L· Au revers : *Laudin emaillieur a Limoges*. I· L· D'une grande finesse d'exécution et belle conservation. (XVIIᵉ au XVIIIᵉ siècle.)

11 — ÉMAIL carré long, de 13 cent. et demi, sur 11 ; peinture grisaille, représentant Noé travaillant à l'arche. Belle conservation et exécution. (XVIᵉ siècle.)

12 — ÉMAIL carré long, de 9 cent. et demi de haut, sur 7 de large ; peinture de couleur, représentant le Christ sur la croix, sa Mère, son disciple bien-aimé et les saintes femmes au pied. ( Fin du XVᵉ siècle, ou commencement du XVIᵉ.)

13 — ÉMAIL cintré, de 19 cent. de haut, sur 11 de large ; peinture de couleur, représentant la sainte Trinité. Exécution grossière, entourée d'un cadre de l'époque, et formant dans son ensemble une plaque qui s'attachait aux cierges des confréries, ou servait de Baiser-de-paix. Cet émail est signé F· L· , que l'on présume être François Laurent, de Limoges, et porte pour date, 1582.

14 — ÉMAIL absolument semblable au précédent, et légèrement endommagé dans le haut.

15 — ÉMAIL cintré, de 16 cent. de haut, sur 11 de large, formant également plaque de confrérie ; peinture de couleur, re-

présentant le martyre d'un saint. Très-légèrement endommagé. ( XVI<sup>e</sup> siècle. )

16 — ÉMAIL, de 8 cent. et demi de haut, sur 6 et demi de large; peinture de couleur, représentant le Sauveur du monde. D'un beau style de dessin et d'exécution, signé des lettres I· L·, séparées par une fleur de lis, qui est la signature de Joseph Laudin; pour inscription : *Salvator mundi.* Légèrement endommagé. (XVII<sup>e</sup> au XVIII<sup>e</sup> siècle.)

17 — SEPT ÉMAUX MÉDAILLONS, de 8 cent. et demi de diamètre; représentant des empereurs romains, de Joseph Laudin.

18 — ÉMAIL, de 22 cent. de haut, sur 16 de large; représentant Jésus-Christ portant sa croix. Très-bel émail, dans un fort beau cadre en ébène, guilloché très-fin. Parfaite conservation. (XVI<sup>e</sup> siècle.)

19 — ÉMAIL, de 13 cent., sur 10; représentant un berger chassant au lion. Aux trois angles de cet émail sont des maximes en inscription; sur l'une d'elles est la signature de l'émailleur, Pierre Rexman, qui est P. R. avec la date de 1541.

20 — ÉMAIL, de 11 cent. et demi de haut, sur 8 et demi de large; représentant des armoiries, partie d'azur à deux chiens bassets d'argent l'un sur l'autre, et partie de pourpre au coq d'argent becqueté et onglé de sable et crêté de gueules; signé I L. Au revers : *Laudin emaillieur a Limoges* I· L· (XVI<sup>e</sup> au XVIII<sup>e</sup> siècle. )

21 — ÉMAIL carré long, de 11 cent. de haut, sur 9 et demi de large; peinture de couleur; pour inscription : s· m· MAGDALENA· ; signé N· Au revers : N.*audin emaillieur près les Jésuistes a Limoges.* D'une jolie exécution, légèrement restauré. ( XVII<sup>e</sup> au XVIII<sup>e</sup> siècle. )

22 — ÉMAIL carré long, même grandeur que le précédent; peinture, représentant Jésus-Christ; inscription : SALVATOR MVNDI· N. Au revers, comme le précédent. Jolie exécution et conservation. (XVII<sup>e</sup> au XVIII<sup>e</sup> siècle. )

23 — ÉMAIL carré long, même grandeur que les deux précédents; peinture de couleur, représentant saint Jean-Baptiste; inscription : s· IOANES· B· N· Au revers, comme aux deux précédents. Très-belle exécution, ayant son cadre doré et sculpté du temps. ( XVII<sup>e</sup> au XVIII<sup>e</sup> siècle. )

24 — ÉMAIL carré long, de 15 cent. de haut, sur 12 de

large ; peinture de couleur, représentant la Mère des douleurs ; exécution grossière, attribuée à Pierre Colin. (XVIᵉ siècle.)

25 — ÉMAIL carré long, de 8 cent. de haut, sur 6 de large ; peinture de couleur, inscription : S. Hieronimus, sans signature. (XVIIᵉ au XVIIIᵉ siècle.)

26 — ÉMAIL carré long, de 11 cent. de haut, sur 9 et demi de large ; peinture de couleur, représentant saint Michel archange combattant le démon. Jolie exécution, signé au revers par *Nicolas Laudin.*

27 — TRIPTYQUE, de 58 cent., sur 29 et demi ; ayant dans sa partie du milieu un émail de 23 cent. ; peinture de couleur, représentant le Calvaire ; signé F Eˢ Sˢ LOBAVD, 1583. Sur les volets, est la strophe : *O Crux ave*, en lettres d'or, sur un fond noir. Cet émail est restauré.

28 — ÉMAIL, de 20 cent. ; peinture de couleur, représentant saint Pierre, saint François d'Assise et un moine ; signé F. P. MIMBIELE. 1584. Restauré.

29 — ÉMAIL carré long, de 16 cent. et demi de haut, sur 11 de large ; peinture de couleur, représentant le Christ sur la croix, sa sainte Mère, son disciple bien-aimé et deux anges recevant le sang de ses plaies dans des calices ; sans signature. Restauré. (On le présume du commencement du XVIᵉ siècle.)

30 — ÉMAIL carré, de 24 cent. ; représentant un vol d'argent, sur un fond d'azur, entrelacé d'un ruban portant la devise SVB VMBRA TVARVM, et entouré d'une couronne de lauriers. Belle conservation.

31 — ÉMAIL carré long, de 17 cent. et demi de haut, sur 13 de large ; peinture de couleur, représentant l'Ascension ; exécution grossière, dans le genre de l'émail portant le nº 24, que l'on présume du même auteur, Pierre Colin ; son cadre est en ébène. Cet émail est légèrement restauré. (Fin du XVIᵉ siècle.)

32 — ÉMAIL, même grandeur, représentant Notre-Seigneur emmené de chez Pilate, au moment où celui-ci se lave les mains. Même genre que le précédent ; son cadre en ébène. (Fin du XVIᵉ siècle.)

33 — EMAIL carré long, de 16 cent. de haut, sur 13 de large ; peinture en grisaille, représentant sainte Marguerite, et au bas, les armoiries d'un évêque, d'argent à trois ondes d'or, le chef à trois clochettes d'or ; signé I Lˢ Légèrement restauré dans

un coin. Au revers ; *Laudin emaillieur au faubour de Magnine a Limoges.*

34 — ÉMAIL carré long, de 16 cent. de haut, sur 13 de large; peinture en grisaille, représentant l'adoration des mages; sans signature, dans un cadre poirier et ébène. Restauré, genre de Peguillon. (XVI° siècle.)

35 — GRAND TRIPTYQUE, de 1 mètre 95 cent. de large, sur 1 mètre 30 cent. de haut; contenant vingt-sept émaux, dont vingt-six de 23 cent. de haut sur 16 de large; peintures de couleur, représentant huit anges, divers saints et saintes; et dans la partie supérieure et principale, un grand émail cintré de 32 à 33 cent. de haut et autant de large; représentant le Sauveur du monde sur les nues et assis sur l'arc-en-ciel; présumé être de *H. Poncet.* Le cadre richement décoré. Ces émaux viennent, dit-on, de l'abbaye de Monmajour, près d'Arles. Très-belle conservation et pièce très-remarquable. ( Fin du XVI° siècle.).

36 — TRIPTYQUE, de 68 cent. de large, sur 60 de haut; peinture en grisaille, représentant, dans la partie principale, saint Jean prêchant dans le désert, figure de 16 cent. de haut; surmontée, dans une partie cintrée, du Père éternel. Dans le volet droit, le baptême de Notre-Seigneur, surmonté dans la partie demi-cintrée, d'un ange sonnant de la trompette. Au volet gauche, la décollation de saint Jean-Baptiste, surmonté, dans la partie demi-cintrée, également d'un ange sonnant de la trompette; enrichi de son cadre de l'époque. Le dessin de cet émail est fort beau et dans le style de Raphaël; il est d'un émailleur, qui signait M· D· , qu'on croit être M· D· PAPE· Parfaite conservation. (XVI° siècle.)

37 — ÉMAIL ovale, de 17 cent. et demi de haut, sur 15 de large; peinture de couleur sur paillons, représentant saint Roch et son chien; signé *Ysaac Martin.* Ayant son cadre sculpté du temps , avec un écusson portant la croix archiépiscopale, surmontant le monogramme de saint Roch. Plaque de confrérie. ( XVI° siècle.)

38 — *Idem.* Ces deux émaux sont en partie restaurés.

39 — ÉMAIL ovale, de 20 cent. de haut, sur 17 de large; peinture de couleur sur paillons, représentant le Christ sur la croix, sa sainte Mère et son disciple bien-aimé; signé I·C·, qui est la signature de Jean Courtois, autrement dit, Corteys. Cet émail a son cadre sculpté. Ces émaux, ainsi encadrés, supportaient souvent des bougies et ornaient les chapelles, sous la dénomination de luminaires. (XVI° siècle.)

**40** — ÉMAIL, pendant du précédent et peut-être d'une autre main. (Même époque.)

**41** — ÉMAIL carré long, de 24 cent. de haut, sur 10 de large; peinture de couleur, représentant la naissance de Notre-Seigneur; exécution dans le genre allemand, figure de 7 cent. Cet émail doit être, autant qu'on peut le croire, d'un émailleur qui signait I· D· (XVᵉ siècle.)

**42** — *Idem*, représentant la circoncision de Notre-Seigneur. Ces deux émaux, très-légèrement écornés et restaurés de la même main, faisaient probablement partie d'un triptyque.

**43** — DIPTYQUE, de 29 cent. de haut, sur 33 de large, y compris le cadre, peinture de couleur sur paillons, représentant le buste du Sauveur du monde, entouré d'une bordure composée d'enfants et d'ornements, et pour légende : *Speciosus forma præ filiis hominum*, qui est répétée sur la bordure de l'encolure et des manches de la tunique. Sur l'autre partie est la sainte Vierge, mère de Dieu, entourée de la même bordure, et pour légende : *Filiæ Jerusalem nigra sum sed formosa;* autour du voile est écrit en caractères gothiques : *Ave Maria*, *etc.* Belle exécution et conservation. (Fin du XVᵉ ou commencement du XVIᵉ siècle.)

**44** — TRIPTYQUE, de 46 cent., sur 22; peinture en émail de couleur, représentant, dans la partie du milieu, le baiser de Judas, tandis que saint Pierre, après avoir coupé l'oreille de Malchus, remet par ordre du Sauveur son épée dans le fourreau. Sur le volet de droite, le seigneur vicomte de Lavedan, à genoux, accompagné de son saint patron; au-dessus, sont suspendues les armes de France, et au-dessous les armes des Lavedan, qui sont d'argent à trois corbins de sable, becquetés et onglés d'or. Sur le volet de gauche, est sa dame, également à genoux et accompagnée de sainte Clotilde, sa patronne; au bas, ses armes accolées à celles des Lavedan, qui sont d'azur à trois belettes d'argent, deux en chef, une en pointe; et plus bas, comme au volet de droite, en caractères gothiques : *O Mater Dei memento mei.* Ce triptyque est dans son cadre, et sa boîte revêtue en cuir ciselé de l'époque. C'est une pièce très-remarquable; on trouve plusieurs inscriptions dans les bordures des vêtement. Cet émail marque la transition des émaux style byzantin, à émail incrusté dans la planche de cuivre, aux émaux de couche d'émail plus légère et sur des feuilles de cuivre moins fortes, comme sont ceux du XVᵉ siècle, et encore mieux ceux des XVIᵉ et suivants. On le croit du même émailleur que le nᵒ 123, c'est-à-dire, de *MONVAERNI.* (XIVᵉ siècle.)

45 — TRIPTYQUE, de 60 cent. de large, 49 de haut; peinture grisaille, représentant, dans la partie principale et du milieu, Notre-Seigneur au jardin des Olives, entouré de ses apôtres; dans la partie cintrée, au-dessus, le Père éternel. Au volet de droite, Jésus-Christ descendant aux limbes; demi-cintre au-dessus, les armes de Philippe de Bourbon, qui sont semées de France à une bande en devise de gueules adextrées et sénestrées d'argent, au chef d'argent, à une croix potencée d'or, accompagnée de quatre croisettes de même, qui est de Jérusalem; lesdites armoiries sont supportées par un ange. Au volet de gauche, apparition de Notre-Seigneur à ses disciples, au moment où saint Thomas met les doigts dans ses plaies; au-dessus, dans le demi-cintre, les armes détaillées ci-dessus, accolées partie de Borgia Valentinois, écartelées au premier et quatrième de France, au deuxième d'or, à une vache passante de gueules accornée d'argent, posée sur une terrasse de sinople au troisième, à trois fasces de sable et trois fasces d'or; contre-écartelées au deuxième et troisième de France, et d'Albret qui est de gueules simplement. Ce triptyque est signé P. R., qui est la marque de Pierre Rexman. Cette pièce est des plus remarquables pour sa conservation : celle-ci, et celle portant le n° 36, sont des pièces les plus capitales qui soient connues et qui existent dans les collections de France et de l'étranger. Cet émail est d'une magnifique exécution et d'un style de dessin rappelant les premiers maîtres de la renaissance, et notamment Raphaël et Jules Romain. La légère différence qui existe entre les armoiries qui y sont représentées et celles de Philippe de Bourbon, détaillées dans *Sainte-Marthe*, tome III folio 79, provient probablement d'une erreur de l'émailleur, ce qui arrivait assez souvent; ou bien, d'un ajouté à ses armoiries qui aura été ignoré des généalogistes. Cet émail est sans la moindre restauration. (XVI° siècle. )

46 — TRIPTYQUE, de 60 cent. de large, sur 32 et demi de haut, divisé en huit compartiments; émaux de couleur, représentant divers sujets de la passion de Notre-Seigneur. Exécution assez grossière, et qu'on pense être de la fin du XV° siècle, ou du commencement du XVI°.

47 — COUPE EN ÉMAIL, de 25 cent. de diamètre, sur 9 et demi de haut; peinture grisaille, légèrement teintée, représentant, dans la partie concave, Diane chasseresse, entourée d'animaux, cerfs, sangliers et chiens; dans la partie convexe, des ornements grisaille et en or, d'un fort beau style; portant sur le pied les armoiries du président de Mesmes, qui sont écartelées au premier d'or, à un croissant de sable au deuxième et troisième d'argent,

à deux lions de gueules au quatrième d'or, à une étoile de sable au chef de gueules et la pointe ondée d'azur et d'argent. Il existe encore une légère erreur dans ces armoiries, ce qui confirme l'opinion émise au sujet des armoiries de Philippe de Bourbon, détaillée au n° 45. Cet émail est signé P. R. qui est la marque de Pierre Rexman. Cette coupe a une très-légère restauration dans sa base; du reste, elle est d'une parfaite conservation. (XVIe siècle.)

48 — COUPE EN ÉMAIL, de 25 cent. de diamètre, sur 7 de haut; peinture grisaille, légèrement teintée, représentant, dans sa partie concave, la prise de Rome par Brennus; au-dessous, dans la partie convexe, des ornements et médaillons; le pied richement garni d'ornements; le dessous du pied fleurdelisé autour d'un portrait de folle, avec l'inscription : LA PEXOTO. Cette pièce est signée P. R. (Pierre Rexman); elle est d'une exécution des plus remarquables et d'une parfaite conservation. (XVIe siècle.)

49 — SOUCOUPE EN ÉMAIL, de 13 cent. de diamètre; peinture de couleur vive, portant, dans la partie concave, la figure d'Antiope, sur fond noir, entourée d'une bordure de fleurs, sur fond blanc. (XVIIIe siècle.)

50 — SOUCOUPE EN ÉMAIL, même diamètre que la précédente; peinture de couleur, représentant, dans la partie concave, Artémise, entourée d'une bordure d'ornements en relief; assez endommagée. (Même époque.)

51 — MÉDAILLON EN ÉMAIL, de 6 cent. de diamètre; peinture grisaille, représentant un cavalier romain; d'une jolie exécution, dans le genre de Pierre Rexman.

52 — MÉDAILLON EN ÉMAIL, de 7 cent. de diamètre; peinture de couleur sur paillons, représentant l'Annonciation de la Vierge Marie; chef-d'œuvre de la plus grande finesse d'exécution, qu'on attribue à Pierre Rexman; parfaite conservation. Quelques émaux de cette même main portent, au revers, une marque incrustée dans le cuivre, composée d'un P et d'une L liés ensemble et couronnés, ce qui est probablement le poinçon du fabricant de planches de cuivre. (XVIe siècle.)

53 — ÉMAIL carré, de 9 cent. et demi de large, sur 12 de haut; peinture grisaille et dorure, représentant le Calvaire avec une foule de figures d'une grande finesse d'exécution, sans signature; légèrement réparé dans un coin, et incontestablement de l'artiste qui signait KIP. Voyez le n° 54. (XVIe siècle.)

54 — MÉDAILLON, de 9 cent. et demi de diamètre; pein-

ture émail grisaille, représentant l'Adoration des bergers; même genre d'exécution que le précédent, portant pour signature KIP. Belle conservation. (XVI° siècle.)

55 — BAISER-DE-PAIX, monté en cuivre, de 7 cent. de haut, sur 6 de large; peinture en émail de couleur, représentant l'Adoration des mages. Parfaite conservation. ( Fin du XV° siècle.)

56 — MÉDAILLON, de 5 cent. et demi de diamètre; peinture émail grisaille, légèrement teintée de rose, représentant Hercule terrassant un lion. (XVI siècle.)

57 — BAISER-DE-PAIX, de 7 cent. de haut, sur 6 de large; peinture en émail de couleur, représentant la Vierge de douleurs entre deux anges; attribué à P. Rexman. Fin d'exécution. (XVI siècle.)

58 — BAISER-DE-PAIX, de 8 cent. de haut, sur 6 de large; peinture en émail de couleur, représentant la Vierge portant l'enfant Jésus. ( Fin du XV° siècle, ou commencement du XVI°.)

59 — ÉMAIL, de 18 cent. de large, sur 9 et demi de haut; peinture grisaille, légèrement teintée de rose, représentant le triomphe de Bacchus enfant, monté sur un bouc, accompagné d'enfants. Belle exécution et beau style de dessin, sans signature, mais incontestablement de Pierre Rexman. Portant pour devise : MAYGRE FORTVNE. ( XVI siècle. )

60 — AIGUIÈRE, de 24 cent. de haut; peinture en émail grisaille, légèrement coloriée, représentant un sujet de l'Exode, ch. XVII. Cette pièce est en partie restaurée, le pied et l'anse sont refaits; elle est signée P·R· qui est la signature de Pierre Rexman, ou RAYMOND.

61 — SOUCOUPE, de 17 cent. de diamètre; peinture en émail de couleur, représentant Atalante armant Méléagre. Ce sujet, entouré d'une bordure d'ornements en dorure sur fond noir, est signé N.audin. Très-belle exécution et conservation.

62 — SOUCOUPE, représentant Vénus apercevant Adonis endormi. Même signature.

63 — SOUCOUPE, représentant le char de Phaëton. Même signature.

64 — SOUCOUPE, représentant Atalante blessant le sanglier de Calydon. Même signature.

65 — SOUCOUPE, représentant Atalante recevant la hure du sanglier de Calydon des mains de Méléagre. Même signature.

66 — SOUCOUPE, représentant Hercule combattant Cerbère. Même signature.

67 — SOUCOUPE plus grande, de 15 cent. de diamètre; représentant Enée emportant son père Anchise, et tenant son fils Ascagne par la main. Même signature.

68 — SUCRIER, ou tasse de la soucoupe ci-dessus, de 8 cent. et demi de diamètre, sur 6 et demi de haut; peinture en émail de couleur, représentant, d'une part, Psyché endormant le monstre Cerbère par une pâture préparée; de l'autre, Psyché traversant le Styx dans la barque de Charon; sur les côtés, des portraits d'empereurs romains, entourés d'ornements en relief et dorure. Signé par Joseph Laudin.

69 — TASSE, de 7 cent. et quart de diamètre, sur 7 et demi de haut; peinture en émail de couleur, représentant, d'une part, Ganymède enlevé par l'aigle de Jupiter; de l'autre, Orphée charmant les animaux par ses accords; sur les côtés, des portraits d'empereurs romains, également entourés d'ornements en relief. Signée en-dessous, ainsi que les suivantes, *N.Laudin emaillieur pres les Jesuistes a Limoges.*

70 — TASSE, peinture en émail de couleur, représentant, d'un côté, Hercule filant chez Omphale; de l'autre, Hercule terrassant le taureau qui désolait l'île de Crète. Le reste, comme ci-dessus.

71 — TASSE, peinture en émail de couleur, représentant, d'un côté, Cupidon piqué par une épine en cueillant une rose; de l'autre, Aurore et Céphale. Le reste, comme ci-dessus.

72 — TASSE, peinture en émail de couleur, représentant, d'un côté, Phaéton priant son père Phébus de lui céder son char; de l'autre, des génies pêchant au filet. Le reste, comme ci-dessus.

73 — TASSE, peinture en émail de couleur, représentant, d'un côté, Pyrame et Thisbé; de l'autre, la chute d'Icare. Le reste, comme ci-dessus.

74 — TASSE, peinture en émail de couleur, représentant, d'un côté, Narcisse se regardant dans une fontaine, et de l'autre, l'enlèvement d'Europe. Le reste comme ci-dessus. Tous ces émaux forment un déjeuner, et sont signés Nicolas Laudin, émailleur près les jésuites à Limoges; excepté la tasse n° 68, qui semble par sa signature appartenir à un autre assortiment, quoique dans le même genre que les autres. (XVIIe au XVIIIe siècle.)

75 — GRAND MÉDAILLON, de 24 cent. de diamètre; peinture en émail grisaille et dorure, représentant SESAR JVLIVS à cheval; quatre compartiments du cadre sont en émail, représentant des ornements; ces bandes ont 4 à 5 cent. de large. Le tout, d'un beau style et d'une parfaite conservation; le cadre est refait à neuf.

76 — ÉMAIL, carré long, de 11 cent. de haut, sur 9 de large; peinture de couleur sur paillons, représentant Sainte-Marie-Majeure; signé F· L· François Laurent. Assez faible d'exécution.

77 — PETIT MÉDAILLON, de 33 mill. sur 25; peinture bistre sur émail blanc, représentant Notre-Seigneur portant sa croix et succombant sous ce fardeau. De la plus grande finesse d'exécution, que l'on suppose de Petitot. Revers bleu. (XVIIIᵉ siècle.)

78 — PETIT MÉDAILLON, pendant du précédent, représentant la Flagellation de Notre-Seigneur. Même genre, même artiste. Ces deux pièces sont très-remarquables et d'une parfaite conservation.

79 — MÉDAILLON, octogone de 50 mill. sur 35; peinture en émail de couleur d'une grande finesse, représentant le sacrifice de Samuel et la fuite des Philistins; attribuée aux frères Huet. (XVIIIᵉ siècle.)

80 — DEUX PETITS MÉDAILLONS, émail ovale, de 27 mill. environ, sur 35; représentant des enfants bergers et bergères dans le genre de Boucher. (XVIIIᵉ siècle.)

81 — DEUX MÉDAILLONS, chacun de 20 mill. sur 27; peinture en émail grisaille sur fond rose, représentant des enfants jouant. Genre de Boucher. (XVIIIᵉ siècle.)

82 — MÉDAILLON, de 27 mill. environ, sur 35; peinture en émail grisaille sur fond bleu; bergers et bergères, même genre et même époque que les précédents. (XVIIIᵉ siècle.)

83' — PETIT MÉDAILLON, de 20 mill. environ, sur 27; émail de couleur vive, représentant Moïse sauvé des eaux. (Fin du XVIIIᵉ siècle.)

84 — MÉDAILLON ovale, de 40 mill. sur 54; émail de couleur, représentant une tête de Christ (*Ecce homo*); belle exécution faite à Genève. (XIXᵉ siècle.)

85 — MÉDAILLON ovale, de 6 cent. et demi environ, sur 8; émail de couleur, représentant un portrait de femme. (Fin du XVIIIᵉ siècle.)

86 — ÉMAIL, carré, de 15 cent. de haut, sur 12 de large; peinture de couleur, représentant le Calvaire. Jolie exécution et conservation. (XVI° siècle.)

87 — ÉMAIL, carré long, de 9 cent. et demi de large, sur 13 et demi de haut; peinture de couleur, représentant saint Ignace revêtu de sa chasuble; tenant un livre à la main sur lequel est écrit : AD MAIOREM DEI GLORIAM, et au bas : S. IGNATIVS DE LOYOLA. Signé au revers H. Poncet. (XVI° au XVII° siècle.)

88 — PORTRAIT EN ÉMAIL de couleur, portant au bas deux écussons de forme italienne, d'azur à la face d'or, à deux losanges de même, l'un en chef et l'autre en pointe; daté de 1557, et signé au revers : P Corteys, avec le chiffre de Marc-Antoine.

89 — BOURSE EN ÉMAIL, montée en étoffe, fort bien conservée; les deux plaques à portraits. (XVIII° siècle.)

90 — ASSIETTE, émail fond bleu, 19 cent. de diamètre, tête d'empereur romain, en grisaille dans sa partie concave; des ornements autour et au-dessous. Fortement endommagée et mal restaurée. (XVI° siècle.)

91 — ASSIETTE, émail, 19 cent. de diamètre; représentant, dans sa partie concave, le mois de février entouré de jolis ornements dont elle est aussi enrichie au-dessous. Fortement endommagée et mal restaurée. (XVI° siècle.)

92 — ÉMAUX, coffret de bois noir et filets redorés, de 11 cent. de long, sur 13 de haut et de large; en camaïeu gris et bleu, représentant les travaux d'Hercule. Belle exécution et conservation. (XVI° siècle.)

93 — MÉDAILLON, de 8 cent. de haut, sur 6 de large; peinture en émail de couleur, représentant le portrait d'Henry de Bourbon prince de Condé gouverneur du Berry; fin d'exécution et bonne conservation; légèrement endommagé dans le bas.

94 — MÉDAILLON, même grandeur, même genre; représentant Armand Jean du Plessis, cardinal de Richelieu. Bonne conservation.

95 — COFFRET, de 21 cent. de long, sur 11 de large; peinture en émail de couleur sur paillons, couvercle de forme cylindrique et monté en vermeil; représentant, d'une part, le festin de Balthasar; sur le devant, du côté opposé, Moïse frappant le rocher; dans la partie supérieure, Melchisédech offrant des présents à Abraham, Gédéon combattant les Madianites; sur un des petits côtés, le

sacrifice d'Abraham, surmonté, dans une petite partie cylindrique, du prophète Élie; du petit côté opposé, la chasteté de Joseph, et au-dessus, le songe de Pharaon. Ces émaux sont d'une fort belle exé-cution, en couleur sur paillons, et signés en toutes lettres P. COYATEYS. qui a dirigé la fabrique royale des émaux de Limoges, après Léo-nard Limousin. Quelques parties restaurées. (XVI° siècle. )

96 — ÉMAIL carré long, de 23 cent. de haut, sur 16 de large; peinture de couleur sur paillons, représentant le Calvaire (Jésus-Christ entre les deux larrons, etc.). Très-fin d'exécution, et signé de Léonard Limousin, L° L° 1539. Quelques restaurations.

97 — SALIÈRE, de 18 cent. et demi de haut ; très-élégante peinture en émail grisaille, représentant divers sujets. De la plus grande finesse et beauté d'exécution. Belle conservation, légères restaurations. (XVI° siècle. )

98 — COUPE, de 12 cent. et demi de diamètre; peinture en émail de couleur, représentant, dans sa partie concave, l'Adoration des rois mages ; de la plus grande finesse d'exécution, entourée d'une bordure ornemanisée, feuilles de vignes et raisins entrelacés, avec des ornements en or, qui sont répétés à peu près de même dans la partie convexe. Ce genre d'émail est tout particulier, plus épais que les autres, et semble appartenir à la deuxième partie du XV° siècle.

99 — SALIÈRE de 11 cent. et demi de diamètre à sa base, 9 et demi à la partie supérieure, et 8 cent. de haut ; peinture en émail grisaille, représentant des chasses, et au-dessus une devise: PRENES EN GRE SE PETI DO†; dans la partie supérieure, faisant coupe, une tête de guerrier. Cette pièce est signée au-dessous : P. R. Elle est d'une magnifique exécution et très-belle conservation, sans la moindre restauration. (XVI° siècle. )

100 — SALIÈRE, émail formant la paire avec la précédente. Même exécution et conservation. (Même époque.)

101 — COUPE EN ÉMAIL, de 17 cent. et demi de diamètre, sur 25 et demi de haut, y compris le couvercle, sujets grisailles!, légèrement coloriés; peinture représentant, dans la partie concave de la coupe, les frères de Joseph lui demandant grâce pour Benja-min entouré d'ornements d'or sur fond noir; dans la partie infé-rieure et convexe de la coupe, des ornements grisaille et or ; por-tant la marque I. C. qui est celle de *Jean Courtois*. Le pied, enrichi de jolis ornements, est adapté à la coupe par un balustre en bois, peint en rapport avec la coupe. Dans la partie concave du couver-

cle sont représentés de fort beaux ornements, et dans la partie supérieure et convexe, Joseph expliquant à Pharaon ses songes. Cette coupe est d'une fort belle exécution. (XVIe siècle.)

102 — COUPE EN ÉMAIL, de 17 cent. de diamètre et 23 cent. de hauteur, y compris le couvercle ; peinture représentant, dans la partie concave de la coupe, les songes de Pharaon, et autour, le triomphe de Joseph ; dans la partie inférieure et convexe, des ornements grisaille et or ; sur le pied, le triomphe de Neptune et de Thétis, et sur la tige, le triomphe de Thétis entourée de Tritons et de Nymphes ; dans la partie concave du couvercle, de petits médaillons dans lesquels sont représentés des enfants jouant de divers instruments de musique ; et dans la partie convexe et supérieure, les frères de Joseph lui amenant Benjamin et faisant leurs provisions pour retourner auprès de Jacob. Cette coupe est d'une très-belle exécution et conservation, malgré de légères restaurations ; on l'attribue à Pierre Rexman. (XVIe siècle.)

103 — COUPE EN ÉMAIL de 20 cent. de diamètre, sur 20 cent. de hauteur, y compris le couvercle ; peinture grisaille, représentant, dans la partie concave de la coupe, Enée racontant ses aventures à Didon qui caresse son fils Ascagne, pendant que des serviteurs apprêtent le festin ; dans la partie inférieure et convexe, des ornements grisaille et or d'une grande finesse ; le dessous, fleurdelisé en or sur un fond pourpre ; dans la partie concave du couvercle, des médaillons représentant des enfants jouant de divers instruments, entourés d'ornements d'or sur un fond noir ; dans la partie supérieure et convexe, le triomphe de Diane : Vénus et l'Amour sont enchaînés à son char, qui est suivi par des chasseresses conduisant des chiens de chasse et des Amours enchaînés. Cette coupe est signée sur le pied P. R. qui est la marque de Pierre Rexman, et porte la date de 1553. Elle est considérée comme l'un des chefs-d'œuvre de cet artiste, et semble par ses attributs et sa date avoir été faite pour Henri II ou Diane de Poitiers. Très-belle conservation et exécution, réparée dans la partie centrale du couvercle presque exclusivement sur le fond noir.

104 — COUPE EN ÉMAIL, de 20 cent. de diamètre, sur 19 de hauteur, y compris le couvercle ; peinture représentant, dans la partie concave, une chasse royale entourée d'ornements en or sur un fond noir ; dans la partie inférieure et convexe, ainsi que sur le pied qui est de forme conique, des ornements en grisaille et or sur un fond noir ; dans la partie concave du couvercle, des médaillons concaves représentant plusieurs têtes entourées d'ornements d'or sur un fond noir ; dans la partie supérieure et convexe, des médaillons bosselés

représentant différents portraits. Cette coupe est d'une belle exécution et conservation ; elle est sans signature, mais on l'attribue à Pierre Rexman. Légère restauration dans le centre de la partie concave de la coupe. (XVI° siècle. )

105 — QUATRE SALIÈRES, en émail bleu avec des paysages de couleur. (Siècle de Louis XV.)

106—DIPTYQUE, composé de deux plaques carrées de 30 cent. de haut, sur 24 de large ; peinture en émail de couleur sur paillons, représentant, d'une part, Caïphe déchirant ses vêtements devant Jésus-Christ, figures de 16 à 19 cent. d'un beau caractère ; et de l'autre, la circoncision de Jésus-Christ. Ces deux émaux légèrement restaurés semblent appartenir à la fin du XVI° siècle, et sont attribués à l'artiste qui signait F. L. qui est François Laurent.

107 — MÉDAILLON, de 23 cent. et demi de diamètre ; peinture en émail représentant Pâris ; endommagé sur les bords. (XVI° siècle.)

108 — ÉMAIL, de 8 cent. de large, sur 6 et demi de haut, représentant des lévites portant un reliquaire. Sans signature, mal restauré. (XVI° siècle.)

109 — COUPE EN ÉMAIL, de 24 cent. de diamètre, sur 11 et demi de hauteur ; représentant, dans sa partie concave, Jacob donnant sa bénédiction à ses fils ; dans sa partie inférieure et concave, de riches ornements et figures en grisaille ; autour du pied, des Tritons. Cette coupe est signée à l'intérieur P. R. Elle est d'une parfaite conservation et très-belle exécution. ( XVI° siècle. )

110 — COUPE EN ÉMAIL, de 24 cent. de diamètre, sur 12 de hauteur ; représentant, dans sa partie concave, les noces de Psyché ; dans sa partie inférieure et convexe, des ornements entourant des têtes de Zéphirs ; sur le pied, les travaux d'Hercule et les armoiries qui sont d'argent à une face de gueule accompagnée en chef de deux merlettes de sable adossées et en pointe de trois coquilles de sinople, deux et une. Cette pièce sans signature porte la date de 1555 ; elle est incontestablement de Pierre Rexman.

111 — PATÈNE EN ÉMAIL, de 15 cent. et demi de diamètre ; peinture de couleur, représentant, dans la partie concave, l'*Ecce Homo*, entouré d'ornements dorés et de couleur sur paillons. Le dessous est noir avec le monogramme I. H. S. Cet émail est d'un beau travail et d'une très-belle conservation ; il est attribué à un Laudin. ( XVII° au XVIII° siècle.)

*112 coupe en émail (27 cm.) sans couvercle*

**112 —BAISER-DE-PAIX**, de 13 cent. de haut, sur 7 à 8 de large ; peinture en émail grisaille, représentant l'apôtre saint Paul ayant à ses pieds en figure disproportionnée le peintre émailleur : R MERSIER; surmonté d'une banderolle sur laquelle est cette légende: SANCTE PAVLE ORA PRO ME TIENE MERSIER. Cet émail est beau d'exécution et légèrement restauré dans les fonds.

**113 — BAISER-DE-PAIX**, de 12 cent. et demi de haut, sur 9 de large ; peinture en émail grisaille, représentant la conversion de saint Paul. Très-fin d'exécution, restauré dans quelques parties. ( XVI° siècle. )

**114 —GRAND MÉDAILLON**, de 25 cent. de diamètre ; peinture en émail grisaille, avec l'inscription : CLEOPATRA, signé I· P· qui est la marque de Jean Penicaut jeune. ( XVI° siècle. )

**115 — GRAND MÉDAILLON** en émail, même genre, même grandeur, et paraissant de la même main avec l'inscription : M· ANTONINVS· AVG· IMP·

**116 — GRAND MÉDAILLON** en émail, même genre, même grandeur, et paraissant de la même main, avec l'inscription : ANTHONINVS.

**117 — GRAND MÉDAILLON** en émail, même genre, même grandeur, et paraissant de la même main que les précédents, inscription : DIVA· FAVSTINA

**118 — DOUZE PETITS MÉDAILLONS** ovales, de 7 cent. et demi ; peinture en émail de couleur, représentant les douze empereurs romains.

**119 —GRAND MÉDAILLON** convexe, de 28 cent. de diamètre; peinture en émail de couleur sur une couche d'émail blanc, représentant saint Benoît, signé au revers : *Baptiste Nouhalier a Limoges.* ( XVII° au XVIII° siècle. )

**120 — ÉMAIL**, de 12 cent. de haut, sur 8 et demi de large ; peinture grisaille, représentant Cléopâtre; signé I· L· qui est Joseph Laudin. Belle conservation. ( XVII° au XVIII° siècle. )

**121 — SALIÈRE** hexagone; peinture en émail de couleur, représentant des portraits dans des médaillons avec des inscriptions : PARIS SVIS APEL (sic) TIBEE SVIS APELEIE, etc. ( XVI° siècle. )

**122 — SALIÈRE** hexagone, faisant la paire avec la précédente, ayant, d'une part, autour d'une tête d'Hercule : HERCVLES SVIS ARDI: VLIAN FOR ; de l'autre: DEANIRSVIS ARDI: VALIA I ; autour de la salière, divers sujets et inscriptions du même genre. ( XVI° siècle. )

123 — TRIPTYQUE, de 25 cent. de haut, sur 45 de large; peinture en émail de couleur, représentant, dans la partie du milieu, le Calvaire avec plusieurs personnages et inscriptions autour des vêtements; dans le volet de droite, saint Jacques; dans celui de gauche, sainte Catherine tenant sous ses pieds le diable et à la main un glaive sur la lame duquel est écrit : AVE MARI- et au-dessous, MONVAERNI· Très-belle conservation, et pièce très-curieuse par son époque de transition des émaux style byzantin à ceux du XVe et XVIe siècle, à couche superposée sur le métal.

124 — COUPE, de 14 cent. de haut, sur 20 et demi de diamètre; peinture en émail grisaille, représentant, dans la partie concave, une bataille; dans la partie inférieure et convexe ainsi que sur le pied, des ornements. Cette coupe est en bon état, sans la moindre restauration, mais ayant souffert à la cuite de l'émail, ce qui l'a fait gercer dans quelques parties. (XVIe siècle.)

125 — ÉMAIL, de 17 cent. de haut, sur 14 de large; peinture de couleur, représentant une abbesse à genoux que l'on présume être, d'après les armes qui sont au-dessus de sa tête, Louise de Bourbon Vendôme, abbesse d'Origny, de Sainte-Croix de Poitiers et de Fontevrault, morte en 1575, qui portait de France à la bande de gueules; elle est entourée de divers sujets de la vie de la sainte Vierge au milieu d'une foule d'animaux. D'une grande finesse d'exécution et d'une parfaite conservation. (XVIe siècle.)

126 — COUVERCLE DE COUPE en émail grisaille, magnifique d'exécution, 20 cent. de diamètre; sujet représentant des combats. D'une conservation parfaite. (XVIe siècle.)

127 — ASSIETTE ÉMAIL, fond bleu, peinture grisaille, légèrement coloriée; représentant, dans la partie concave, une tête, avec l'inscription : TI· CLAVDIVS CAESA AVG P M TRI P IMP ; au revers, des ornements grisaille. ( XVIe siècle.)

128 — ASSIETTE ÉMAIL, comme la précédente; inscription: CAES· DOMITIAN AVG GERM · COS IX IMP.

129 — ASSIETTE ÉMAIL, comme les précédentes; inscription : TI CAESAR DIVI · AVG · F· AVGVSTVS· IMP·

130 — ASSIETTE ÉMAIL, comme les précédentes; inscription : CAESAR DIVI F.

131 — ASSIETTE ÉMAIL, comme les précédentes; inscription : IMP· CAES· NERVAE TRAIANO AVG· CER· DAC F· M. Réparée.

132 — ASSIETTE ÉMAIL , comme les précédentes; inscription : CAES· VESPASIAN· IMP· PON TR· POT·SO· II. Réparée.

3

133 — BAISER-DE-PAIX, émail de couleur, représentant le Christ sur la croix, sa sainte Mère et saint Jean, encadré en os, et sa manette en bois sculpté. ( XV° siècle. )

134 — BAISER-DE-PAIX, émail de couleur, représentant la Vierge des douleurs; même monture et époque que le précédent.

135 — HANAP ÉMAIL, fond noir, de 19 cent. de haut, sur 11 d'ouverture; peinture grisaille, représentant la prédication de saint Jean-Baptiste; dessin d'un beau style et belle exécution, signé C· N· sur un écusson placé au-dessous du dégorgeoir du vase; plus bas, la date 1539, et sur la base est inscrit en lettres d'or : IEUAN VVLIX, qui est probablement le nom de la personne pour laquelle cette pièce a été faite. Fort belle conservation.

136 — ÉMAIL, de 22 cent. et demi de haut, sur 10 et demi de large; peinture de couleur, représentant saint Paul tenant un glaive; sur une banderole est inscrit : SANCTE PAVLE, et sur ses vêtements RE· REMI RMIS SE SVN ; de Léonard Limousin.

137 — ÉMAIL, même grandeur et pendant du précédent, peinture de couleur; figure de 15 cent. de hauteur, avec l'inscription sur une banderole : SANCTE IVDA; signé L· L· Ces deux pièces devaient probablement faire partie d'un triptyque, elles sont encadrées. ( XVI° siècle. )

138 — COFFRET bois redoré, de 21 cent. de long, sur 15 de large et 17 de haut, ayant ses cinq plaques d'émail; peinture grisaille sur un fond noir, sujets de la Bible. Beau style et belle conservation, n'ayant qu'une légère restauration à la plaque supérieure. ( XVI° siècle. )

139 — COFFRET bois doré, de 15 cent. de long, sur 10 de large et 12 de haut; peinture en émail grisaille, les chairs légèrement teintées de rose; sujets mythologiques. Grande finesse d'exécution, belle conservation et sans restauration. ( XVI siècle. )

140 — ÉMAIL ovale, de 15 cent. et demi de haut, sur 12 et demi de large; peinture de couleur, représentant le Christ en tunique blanche, une étole passée de gauche à droite. Très-fin d'exécution, et entouré d'une bordure d'ornements saillants et de fleurs. Signé au revers sur un fond d'émail noir : N.audin l'aisné. Belle conservation. Cadre en ébène. ( XVII° au XVIII° siècle. )

141 — BAISER-DE-PAIX, de 14 cent. de haut, sur 12 de large; peinture en émail de couleur, représentant l'Annonciation. Fortement endommagé et mal restauré. ( Fin du XV° siècle. )

142 — MÉDAILLON ÉMAIL, de 13 cent. de haut, sur 10 de large; peinture de couleur, représentant une tête d'empereur romain. Fortement endommagé. Cadre en cuivre doré.

143 — MÉDAILLON ÉMAIL, même grandeur que le précédent; belle peinture en grisaille représentant un portrait. Cadre en cuivre doré. (XVI° siècle.)

144 — MÉDAILLON ÉMAIL ovale, de 8 cent. et demi de haut, sur 7 et demi de large; peinture de couleur représentant saint Jean l'Évangéliste. Belle exécution et conservation; signé au revers : P. *Nouailher*. Cadre en cuivre doré. (XVII° au XVIII° siècle.)

145 — ÉMAIL losange, de 18 cent. de diamètre; peinture en émail de couleur, aux armes de Bourbon, accosté des lettres M. D. Belle conservation. (XVI° siècle.)

146 — ÉMAIL losange, de 13 cent. de diamètre; peinture de couleur, représentant une tête de vieillard, avec cette devise : PRENES EN GRE; entouré d'ornements bleuâtres et verdâtres. Belle exécution et conservation. (XVI° siècle.)

147 — ÉMAIL losange, de 13 cent. de diamètre; peinture même genre que le précédent, représentant un portrait, avec cette devise : LATENS· SECOVRS· SECOVRES· MOY· Très-belle exécution et conservation. (XVI° siècle.)

148 — DEUX BOSSETTES en émail de couleur, de 10 cent. de diamètre. Bonne conservation.

149 — ÉMAIL ovale, de 23 cent. de haut, sur 17 de large; peinture de couleur sur paillons, représentant Judith coupant la tête à Holopherne. Belle exécution et conservation, malgré une légère restauration. Attribué à Susanne Courtois. (XVI° siècle.)

150 — BAISER-DE-PAIX, de 10 cent. de haut, sur 8 de large; dans une belle monture en ébène de la renaissance, magnifique peinture en émail de couleur sur paillons, représentant la Cène. Très-belle exécution et conservation. (XVI° siècle.)

151 — BAISER-DE-PAIX, de 17 cent. de haut, sur 10 de large, y compris une riche monture en cuivre doré; peinture en émail de couleur, représentant la Naissance du Sauveur. Attribué à *Jehan P. E. Nicolas*. (XV° siècle.)

152 — BAISER-DE-PAIX, de 9 cent. de haut, sur 8 de large; peinture en émail de couleur, représentant un saint. Assez fin d'exécution; endommagé. (XVI° siècle.)

153 — MÉDAILLON, de 12 cent. de diamètre; peinture en
émail de couleur, représentant un portrait de femme avec cette
inscription : HELENE SVIS.

154 — GRAND PLAT ovale, de 53 cent. sur 39 et demi; peinture en émail de couleur, représentant Adam et Eve. Beau dessin,
fortement restauré. Revers à riches ornements et figures. (XVIᵉ s.)

155 — ÉMAIL, de 18 cent. sur 14; peinture de couleur,
représentant l'*Ecce homo*; attribué à l'émailleur *Colin*. ( Fin du
XVIᵉ siècle.)

156 — PLAT A BURETTES, de 27 cent. sur 20 ; peinture en
émail grisaille, sur un fond noir, représentant Jésus-Christ devant
Pilate qui se lave les mains : la bordure, composée d'ornements et
de figures, renferme deux écussons à armoiries à trois hures de sanglier posées les unes sur les autres en pal, deux à gauche, une à
droite. Cet émail est d'une exécution remarquable et d'une belle
conservation, quoique légèrement endommagé; il est signé I· L·
et peut être considéré comme un des chefs-d'œuvre de Joseph
Laudin. (XVIIᵉ au XVIIIᵉ siècle.)

157 — MÉDAILLON, de 18 cent. de diamètre; peinture en
émail grisaille, sur un fond noir, représentant un cavalier, inscription : IOSE· ROY· signé M· D·  Belle conservation. (XVIᵉ siècle.)

158 — MÉDAILLON, de 18 cent. de diamètre; peinture en
émail grisaille, sur un fond noir, représentant un cavalier, inscription : ARTVS· ROY· DE· BRETAGNE. Signé M· D. (XVIᵉ siècle.)

159 — ÉMAIL, de 15 cent. sur 12; peinture grisaille, représentant saint Jérôme, inscription : S. HIERONIME. (XVIIᵉ au
XVIIIᵉ siècle.)

160 — ÉMAIL, de 10 cent. sur 8 ; peinture en grisaille, représentant saint Antoine. (Même époque.)

161 — TASSE à six compartiments, de 16 cent. de diamètre;
peinture en émail grisaille et couleur : la Vierge et l'enfant Jésus,
entourée d'une bordure à fleurs. Fortement restaurée.

162 — TASSE, genre de la précédente, une bordure de fleurs
entourant une Flore.

163 — BOITE A MIROIR, de 9 cent. sur 7 ; en argent doré,
ayant à une des faces une plaque peinte en émail de couleur sur
paillons: Psyché nourrissant le monstre Cerbère, entourée d'ornements d'une grande finesse. Légèrement restaurée, signée F· L·
qui est François Laurent. (XVIᵉ siècle.)

163 — ÉMAIL, octogone, de 8 cent. sur 6 et demi ; peinture en couleur sur paillons, attribué à Susanne Courtois. Revers d'une boîte à miroir. (XVI° siècle.)

164 — ÉMAIL, de 10 cent. sur 7 ; peinture de couleur sur paillons, représentant l'enfant Jésus entouré de fleurs et des cinq plaies. Très-fin d'exécution, inscription : JESV DVLCIS MEMENTO. (XVII° au XVIII° siècle.)

165 — ÉMAIL, même grandeur ; peinture de couleur, représentant une tête de Vierge ; bordure en fleurs. Jolie exécution. (XVIII° siècle.)

166 — MÉDAILLON, de 5 cent. sur 4, peinture en émail de couleur, représentant la Mère de douleurs.

167 — BOURSE complète, de 7 cent. sur 5 ; peinture en émail de couleur sur paillons ; de la plus grande finesse et plus belle conservation. Sujet mythologique, attribué à Susanne Courtois. (XVI° siècle.)

168 — ÉMAIL, de 19 cent. sur 22 ; peinture de couleur, représentant Jésus-Christ conduit devant Caïphe ; la couche d'émail très-épaisse des deux côtés d'une plaque en cuivre, comme tous les émaux de cette époque de transition des couches incrustées à celles superposées. (XIII° au XIV° siècle.)

169 — ÉMAIL, de 23 cent. de haut, sur 19 et demi de large ; peinture de couleur, imitation de pierreries sur paillons, représentant Jésus-Christ couronné d'épines. Beau style, belle exécution et parfaite conservation, n'ayant qu'une très-légère restauration. Signé IEHAN· P: E· NICAVLAT· . (XV° siècle.)

170 — ÉMAIL, même grandeur et même genre ; représentant la flagellation de Jésus-Christ. Parfaite conservation, même signature et époque.

171 — ÉMAIL, de 14 cent. de haut, sur 10 de large ; peinture de couleur, représentant Jésus-Christ. Inscription autour : *Speramus in deum vivum qui est salvator omnium hominum.* Signé I· R· 1625.

172 — ÉMAIL, même grandeur et même genre ; représentant la Vierge. Inscription : SVB TVVM PRÆSIDIVM CONFVGIMVS SANCTA DEI GENITRIX. Même signature et date.

173 — DIPTYQUE, de 59 cent. de large, sur 37 et demi de haut ; peinture en émail de couleur sur paillons, imitation de pier-

reries; représentant, au volet de droite, Jésus-Christ portant sa croix; à celui de gauche, le Calvaire; pièce remarquable. Beau style, même genre, et probablement de la même main que les émaux n°ˢ 168 et 169. (XV° siècle.)

174 — ÉMAIL, de 13 cent. de haut, sur 11 et demi de large; représentant le martyre de saint Pierre. Inscription : S·PETRVS·N· Grande finesse d'exécution et belle conservation. Signé au revers, sur un fond noir : *Laudin, au fauxbourgs de Manigne a Limoges. I·I·* Dans un cadre en ébène. (XVII° et XVIII° siècle.)

175 — ÉMAIL, de 82 mill. sur 48, peinture de couleur, de la plus grande finesse. Inscription au bas : PARIS ACHILLEM INTER PORTAS SAGITTA PE··· Endommagé, mais sans contredit une des pièces les plus fines qui aient été faites en émail. (XVI° siècle.)

176 — PLAT rond, de 28 cent. de diamètre, peinture en émaux bleu et blanc, avec de petits ornements d'or, assez grossièrement exécutés, qu'on prétend être de fabrique étrangère.

177 — MÉDAILLON ÉMAIL, de 30 mill. sur 25; portrait de femme, fin d'exécution. Signé au revers, sur un fond émaillé blanc-gris : J. *Barbelle* 1696.

## 2

### ÉMAUX, STYLE BYZANTIN, INCRUSTÉS DANS LE MÉTAL.

#### (ANTÉRIEURS AU XII° SIÈCLE.)

178 — LES ARMES DES SIRES DE COUCY, facées de vair et de gueules; de six pièces à émaux incrustés dans le cuivre, style byzantin; entourage en cuivre doré, avec deux dragons. Féron dit : « Qu'Enguérant III, sire de Coucy, grand amiral de France, portait *fascé de vair et de gueules de six pièces,* en mémoire d'une bataille gagnée par les sires de Coucy, en 1080, sur les Turcs, après avoir rallié leurs troupes éparses sous des guidons et cornettes au champ de leurs manteaux, qui étaient d'écarlate fourrés de vair.» Cette pièce doit être antérieure au XII° siècle.

179 — DEUX PLAQUES ÉMAILLÉES, style byzantin, de 52 mill.; deux évangélistes, saint Luc et saint Marc. (XI° au XII°.)

180 — CHASSE ou RELIQUAIRE émaillé, de 19 cent. de long, sur 6 et demi de large et 16 de hauteur, y compris la galerie qui est refaite. Représentant des anges. (X° au XI° siècle.)

181 — CHASSE ou reliquaire émaillé, de 23 cent. de long, 8 de large et 23 environ de haut, y compris sa galerie; représentant, sur une face, le Christ en croix enjuponné, ayant une couronne sur la tête; à ses côtés, sa sainte Mère et son disciple bien-aimé, sur des plaques de cuivre ciselées et dorées, enrichies de diverses pierres; au-dessus l'Agneau, sur un même fond, ces deux parties encadrées de baguettes émaillées; sur l'autre face, faisant porte, deux anges, émaillés, entourés d'ornements; au-dessus, trois anges, également entourés d'ornements et de baguettes émaillés; sur les côtés, des saints en pied, émaillés de couleur. Cette pièce est des plus remarquables pour sa conservation, bien qu'elle soit un peu restaurée. (X° au XI° siècle.)

182 — CHASSE ou RELIQUAIRE émaillé, de 23 cent. de long, sur 20 cent. de large environ; ayant sur une de ses faces, côté de l'ouverture, six anges sur des fonds émaillés; un ange sur chacun des côtés ou bouts de la châsse, et sur l'autre face, fond doré à pierreries, six saints, émaillés en relief, entourés de baguettes également émaillées. Parties restaurées. (XI° au XII° siècle.)

183 — CHASSE ou RELIQUAIRE émaillé, de 36 cent. et demi de long, 29 de haut et 19 de large; ayant, sur l'une de ses faces principales, trois médaillons, représentant le Christ sur la croix, sa sainte Mère et saint Jean; dans celui du milieu de la partie inférieure, le Père éternel; et des anges, dans les quatre autres médaillons : toutes ces figures en relief; sur la seconde face latérale, deux grandes plaques, ayant chacune trois médaillons, renfermant des figures d'anges, en cuivre plat, doré; à l'une des faces du bout, un ange; et à celle de la tête, un saint Pierre debout, sur la porte du reliquaire. Cette châsse est très-curieuse pour son volume, mais plus encore pour la beauté des émaux, et l'originalité des ornements et de sa composition; les plaques principales sont entourées de bandes de cuivre doré, accompagnées de bandes d'argent, gaufrées, endommagées; les entre-deux des médaillons en relief, sont en cuivre, gravé et doré. (XII° au XIII° siècle.)

184 — PLAQUE émaillée, couverture de manuscrit, de 22 cent. de haut, sur 11 de large; représentant, dans un ovale pointu et saillant, le Christ assis et en relief donnant sa bénédiction, tenant de la main gauche un livre ouvert, sur lequel est écrit en petites minuscules, caractères romains, A b c d e f g h i k m n o p, un peu imparfaits de forme et oncialisés : ce que nous ne pouvons rendre ici, par défaut de temps. Le Christ a sous les pieds une espèce de dé; l'alpha et l'oméga placés de gauche à droite du Christ,

sout fautifs. Cet émail est d'une belle conservation, et d'un travail style grec. (XII° au XIII° siècle.)

185 — PLAQUE émaillée, de 23 cent. de long, sur 11 de large; représentant le Christ sur la croix, sa sainte Mère et saint Jean, deux évangélistes; les têtes seules saillantes. Ces figures en cuivre gravé et doré, sur un fond émaillé bleu. Devant de châsse ou reliquaire. (XII° au XIII° siècle.)

186 — PLAQUE émaillée d'une grande châsse, de 38 cent. de long, sur 16 de large; représentant le Christ sur la croix, la sainte Vierge, saint Jean et quatre évangélistes. Toutes ces figures sont saillantes, en cuivre doré, fond émaillé bleu, à rosaces de couleur. (XI° au XII° siècle.)

187 — NAVETTE à encens, émaillée, ayant, sur les couvercles, des anges cuivre plat et gravé, dont la dorure a disparu. (XII° au XIII° siècle.)

188 — PLAQUE émaillée, de 6 cent.; représentant deux apôtres, inscription : IUACOBVS. IUOANNES. (XII° au XIII° siècle.)

189 — CHASSE ou RELIQUAIRE, de 23 cent. de long, sur 8 de large, et 23 de haut; ayant, sur une de ses faces, des ornements émaillés; et sur les autres, le Christ, des anges et des saints; figures plates et têtes saillantes, en cuivre doré, sur un fond émaillé; cette châsse est couronnée d'une galerie. (XII° au XIII° siècle.)

190 — PLAQUE, porte de châsse ou de reliquaire, de 15 cent. de long, sur 9 de large; représentant des anges, dans des ovales émaillés verts, fond bleu. (XIII° siècle.)

191 — CHASSE ou RELIQUAIRE émaillé, de 11 cent. de long, sur 5 de large, et 13 de haut; représentant un martyr, figure en cuivre, sur un fond émaillé. (XII° au XIII° siècle.)

192 — CHASSE ou RELIQUAIRE, de 14 cent. de long, sur 5 de large, et 13 de haut; ornements émaillés, décorés de têtes d'ivoire. Endommagé. (XII° au XIII° siècle.)

193 — CHASSE ou RELIQUAIRE, de 15 cent. de long et de haut, sur 6 de large; partie émaillée, partie en cuivre, destinée à recevoir des pierreries. Fortement endommagé. (X° au XI° siècle.)

194 — BASSIN en cuivre, à émaux incrustés, de 22 cent. de diamètre; aux armes semées de France, au milieu de six autres armoiries, au revers, un écu gravé imparfaitement. (Antérieur au XIII° siècle.)

195 — BASSIN en cuivre, à émaux incrustés, de 22 cent. de diamètre ; au centre, un cavalier ; bordure à figures, fond émaillé, bleu camaïeu ; au revers, des armes gravées, paraissant être celles de Bourgogne ; anciennes, mais fautives. Ce bassin a son dégorgeoir. (XII° au XIII° siècle.)

196 — Bassin en cuivre, à émaux incrustés, de 23 cent. de diamètre ; aux armes semées de France, entourées de six armoiries ; au revers, une petite rosette gravée, sans trace de dégorgeoir. (Antérieur au XIII° siècle.)

197 — PLAQUE émaillée, de 23 cent. sur 10 ; représentant le Christ saillant et assis, les trois doigts de la main droite, y compris l'index, levés, tenant de la gauche un livre ; aux quatre coins de la plaque, les attributs des quatre évangélistes ; cuivre gravé et doré sur un fond émaillé, camaïeu bleu, et rosaces de couleur ; sous la tête du Christ, une auréole avec la croix grecque, en émail rouge ; de chaque côté, des lettres fantastiques. Belle conservation. (XII° au XIII° siècle.)

198 — PLAQUE émaillée, de 17 cent. de large, sur 34 de haut ; ayant fait partie d'une extrémité de châsse ou reliquaire ; représentant le Christ, sa sainte Mère, saint Jean, des anges : figures plates, à têtes saillantes ; cuivre doré, sur un fond émaillé. (XII° au XIII° siècle.)

199 — PLAQUE émaillée, de 17 cent. de large, sur 26 de haut ; couverture de manuscrit, représentant le Christ, sa sainte Mère, saint Jean, deux anges ; cuivre doré, fond émaillé, fortement endommagé. (XII° siècle.)

200 — CUSTODE, à anges et fleurs, émaux de couleur, sans restauration, belle conservation. (XII° au XIII° siècle.)

201 — CUSTODE, à anges, sur un fond émaillé, bleu et vert. Bonne conservation. Surmontée d'une petite croix restaurée. (XII° au XIII° siècle.)

202 — CUSTODE à médaillons, émaillés blanc, au monogramme du Christ ; fond émaillé bleu. Sans restauration. (XI° au XII° siècle.)

203 — CUSTODE à ros... s et ornements dorés, sur un fond émaillé bleu et vert clair. B... conservation, dorure rafraîchie. (XI° au XII° siècle.)

204 — PLAQUE émaillée, de 21 cent. et demi de haut, sur 10 de large ; couverture de manuscrit, représentant le Christ donnant sa

4

bénédiction, et tenant de la main gauche une tablette, sur laquelle sont gravées quelques lettres en caractères romains et onciaux, dont on ne peut comprendre le sens; la première, illisible, pouvant être un A. Ces lettres sont placées ainsi qu'il suit, sauf qu'à défaut de caractères onciaux, nous avons tout mis en romain. L'alpha et l'oméga de droite à gauche, dont les caractères ne sont ni grecs ni hébreux. (Antérieure au XIII⁰ siècle.)

| A | I |
|---|---|
| O | F X |
| M | S N |
| M | E M |

205 — COUVERTURE DE MANUSCRIT complète, composée d'une grande plaque émaillée bleu et vert clair, sur laquelle est le Christ en croix, sa sainte Mère, saint Jean, deux anges; cuivre ciselé et doré, tête saillante; très-belle exécution et conservation; bordures à ornements, dont les deux parties inférieures sont peintes sur carton. (XII⁰ au XIII⁰ siècle.)

206 — PIED D'UN FLAMBEAU, style antique, à émaux de couleur, incrustés dans le métal, coulé très-épais. Cette pièce, très-curieuse pour son antiquité, a été montée en forme de vase; mais c'est incontestablement la base d'un chandelier. (On la croit antérieure au X⁰ siècle.)

207 — CALICE en cuivre doré et émaillé, garni de plaques d'argent également émaillées : la coupe en argent. Ce calice a une inscription en caractères onciaux et en langue espagnole ou portugaise, inintelligible en partie : *Maestro Antonio Cemues* ou *cecioes edamere.* Belle pièce, bien conservée. (XIII⁰ siècle.)

208 — CALICE en cuivre doré, émaillé, moins fin que le précédent, avec l'inscription émaillée, caractères romains : PETRVS VEN-TVRE MATEI DEFONE HOC FIERI – F.

209 — FERMOIR DE COFFRET, style byzantin et fort beau; forme de dragon, cuivre doré et émaillé de diverses couleurs.

# SÉRIE DES FAÏENCES OU TERRES
## ÉMAILLÉES.

210—GRAND PLAT, dit MAJOLICA, blanc et or, de 46 cent. de diamètre; portant, au centre d'ornements, style mauresque, les armes de Blanche de Navarre, reine de Sicile; qui sont partie de Castille, et partie de Navarre et de France.

211 — GRAND PLAT, dit MAJOLICA, même genre, aux armes de Castille; 46 cent. de diamètre.

212 — GRAND PLAT, *id.* un nain sonnant de l'oliphan et conduisant un bélier.

213 — PLAT ITALIEN, à bordures à trophées, camaïeu bleu, figure au milieu, Vénus.

214 — *Idem*,     un Amour.

215 — *Idem*,     *id.*

216 — *Idem*,     *id.*

217 — *Idem*,     *id.*

218 — PLAT, une sainte; bordure à ornements.

219 — PLAT, sainte Vierge; bordure à ornements.

220 — ASSIETTE, genre faënza, une femme sur une coquille flottant sur l'eau.

221 — ASSIETTE,     *id.*     Judith.

222 — *Idem*,     *id.*     des enfants jouant.

223 — *Idem*,     *id.*     l'Abondance.

224 — *Idem*,     *id.*     bordures à ornements, sur fond bleu.

225 — ASSIETTE, écussons, portant une Chimère entourée d'ornements.

226 — ASSIETTE, genre faënza; Apollon.

227 — *Idem*,     *id.*     l'Amour.

228 — PLAT, genre faënza, figure et ornements sur fond bleu.

229 — PLAT rond, bordures, ornements.

230 — GRAND PLAT, peinture camaïeu bleu et violet, bataille de Louis XIV ; signé E V F. Fabrique de Nevers.

231 — GRAND PLAT, bordure à génies, et ornements saillants et peints camaïeu bleu ; signé au revers. (XVIIe siècle.)

232 — PLAT italien , figures.

233 — DEVANT DE TABERNACLE, terre émaillée de Luca
della Robbia; deux anges fléchissant le genou devant la sainte Hostie, représentée sur un calice de 67 de haut, sur 44.

234 — BUIRE en grès, fabrique de Beauvais; aux armes de
France, datée de 1665; fond bleu; de 36 cent. de haut; signée I. R.

235 — BUIRE en grès de Beauvais , à rosaces ; sur fond bleu.

236 — BUIRE  *id.*  à mascarons; sur fond bleu.

237 — BUIRE  *id.*  forme circulaire , à jour ; au milieu, son
couvercle en étain.

238 — BUIRE en grès de Hollande, couleur bistre, à armoiries
et ornements riches; son couvercle en étain; inscription allemande : *Ceci est un art qui provient de la faveur de Dieu ; quand
même l'art serait encore une fois moins beau, on badauderait
devant jusqu'à sa mort.*

239 — BUIRE en grès de Hollande, ornements très-fins, bistre,
couvercle en étain , surmonté d'une figurine.

240 — BUIRE en grès, entourée d'écussons et de figures de
saints, émaillés de couleur.

241 — BUIRE en grès, gris et bleu ; ornements fins, couvercle
en étain , surmonté d'un singe.

242 — BUIRE en grès de Hollande, au monogramme du Christ,
ornements et figures émaillés de couleur; couvercle en étain.

243 — BUIRE en grès de Hollande, émaillée très-finement en
couleur et dorure; couvercle en étain, surmonté d'un roi tenant
une coupe.

244 — BUIRE, très-fine d'ornements, sans être émaillée.

245 — GRAND PLAT de Bernard de Palissy, à serpents, gre-
nouilles, etc. de 57 cent. de long, sur 42 de large. Légèrement
restauré : très-beau.

246 —GRAND PLAT de Bernard de Palissy, 46 cent. sur 32 ; fond brun, à lézard dans le fond; bordure à ornements, entourée d'ornements saillants. (Très-remarquable.) Légèrement restauré.

247 — PLAT de Palissy, ovale, de 33 cent. sur 24 et demi ; fond jaune, à serpents lézards, feuillages, etc. Légèrement endommagé ; très-fin.

248 — *Idem*, rond, de 24 cent. bordures à marguerites ; serpent lézard, etc. Belle conservation.

249 — *Idem*, grand ovale, 35 cent. sur 29 ; femme couchée, environnée d'enfants. Belle conservation.

250 — *Idem*, ovale, de 33 cent. sur 25 ; à cinq compartiments creux, et quatre petits génies. Très-beau, légèrement endommagé.

251 — BASSIN de Palissy, agathisé, 33 cent. sur 26 ; signé au revers A B C.

252 — PLAT de Palissy, de 31 cent. et demi, sur 26 ; la déesse des jardins.

253 — *Idem*, de 82 cent. sur 24 ; sacrifice d'Abraham.

254 — *Idem*, rond, 26 cent; à figures.

255 — *Idem*, de 26 cent. sur 22 ; baptême de Jésus-Christ. Fortement endommagé.

256 — *Idem*, ovale, de 24 cent. et demi sur 19 ; lavement des pieds. Très-fin, restauré.

257 — *Idem*, ovale, de 24 cent. sur 18 ; décollation de saint Jean-Baptiste. Restauré.

258 — *Idem*, ovale, de 27 cent. sur 20 ; à cinq compartiments creux, séparés par des jours.

259 — *Idem*, rond, de 21 cent. à sept compartiments, séparés par des jours.

260 — *Idem*, ovale, de 29 cent. sur 22 ; ornements.

261 — *Idem*, id. id.

262 —PLATEAU en faïence du comtat Venaissin, forme à compartiments, galerie à jour, autour, couleur brune tachetée de noir.

# SÉRIE DES VERRES DE VENISE,

## ÉMAILLÉS OU CRAQUELÉS.

263 — COUPE, agathisée, de 25 cent. et demi de diamètre et 13 de haut. Belle, et bien conservée.

264 — HUIT VERRES A BOIRE, agathisés et aventurinés.

265 — COUPE, émaillée de couleur, de 62 cent. de diamètre, sur 17 de haut.

266 — COUPE, émaillée de couleur ; 24 cent. sur 13.

267 — COUPE, émaillée blanc, de 22 cent. et demi de diamètre, sur 6 de haut. Très-fine.

268 — COUPE élégante, *id.*

269 — COUPE, *id.* ondulée.

270 — COUPE, légèrement craquelée.

271 — COUPE.

272 — VERRE à pied, émaillé blanc, très-finement.

273 — VERRE, élégant, à pied, émaillé blanc, parties saillantes. Très-beau.

274 — GRAND VERRE, craquelé, de 21 cent. de haut.

275 — GRAND VERRE, émaillé, de 22 cent. de haut.

276 — GRAND VERRE à pied, émaillé blanc.

277 — GOBELET ou CALICE.

278 — CALICE, bleu, émaillé blanc et doré.

279 — VERRE, émaillé blanc ; forme de verre à champagne.

280 — FLACON, émaillé blanc.

281 — VERRE, ouverture à trèfle, émaillé blanc.

282 — GRAND FLACON, verre bleu, aux armes de Saxe; inscription allemande : *de l'échansonnerie de Moritz-Bourg*, avec les lettres I.G.D. A.H.Z.S.I.C. V.B.C. 1676.

283 — VERRE à anse, émaillé blanc.

284 — FLACON A ESSENCES, avec son bouchon; émaillé finement en blanc.

285 — *Idem*, sans bouchon.

286 — VERRE , dégorgeoir recourbé, bordure bleue.

287 — VERRE , *id.* irisé.

288 — PETIT POT , à plusieurs filets bleus.

289 — BURETTE , émaillée jaune et bleu.

290 — BURETTE élégante, verre bleu, émaillé.

291 — PLAT , craquelé.

292 — PLAT , émaillé blanc; raccommodé.

293 — PLAT , craquelé; très-creux.

294 — PLAT , craquelé.

295 — VASE en verre bleu , élégant.

296 — VASE en verre blanc, *id.* raccommodé.

297 — VASE en verre pouding , élégant.

298 — VASE ou ENCRIER, verre pouding, forme de tête de femme.

299 — PETITE CRUCHE, émaillée bleu.

300 — GRAND PLAT, émaillé blanc et vert clair. Fort beau.

301 — VASE, bleu et blanc, à anses, mascarons, etc.

302 — VASE, blanc et bleu; forme originale.

303 — VASE A FLEURS, émaillé blanc et bleu.

# SÉRIE DES VITRAUX PEINTS.

304 — VITRAIL, de 39 cent. de large, 51 de haut, sans le cadre; le couronnement de la Vierge. Armoiries et inscription allemande de la famille de Jean Umer, à Lach, et dame Marguerite Hagner, son épouse. (1623.)

305 — VITRAIL, même grandeur; la maison de la sainte Vierge, transportée par des anges. Attributs de la papauté et armoiries; inscription allemande de la famille Gilg-Hægner, de ce temps porte-enseigne du pays, dans la Marche, et dame Marguerite Oberlyn, son épouse. (1623.)

306 — VITRAIL, même grandeur; la Reine des cieux tenant l'enfant Jésus, entourée d'une auréole. Inscription allemande de la famille de Jean Gagyner, ancien landammann, dans la Marche, et dame Marguerite Gældin, son épouse. (1624.)

307 — VITRAIL, même grandeur; représentant la Mère de douleurs. Les attributs de la papauté; armoiries et inscription allemande de la famille de Jean Guntly, ancien landammann, dans la Marche, et dame Froneg Oberlyn, son épouse.

308 — VITRAIL, représentant un Evêque à genoux, à côté de l'enfant Jésus assis, entre l'image du Christ crucifié, et de la Vierge; et pour inscription : POSITVS IN MEDIO QVO ME VERTAM NESCIO, inscription allemande. Il Jean Hutz, de ce temps curé à Lachen. (1622.)

309 — VITRAIL, même grandeur; grandes armoiries, fond d'azur; au cyprès enraciné, au naturel, inscription allemande; famille, Bonaventure Tanner, prévôt de ville, de la ville de Stein. (1679.)

310 — VITRAIL allemand, de 23 cent. de long, sur 32 de haut; sur l'Annonciation; un saint, une sainte; inscription allemande: *Oh! Seigneur Jésus-Christ, je vous demande que votre sainte face soit le premier objet que devra voir mon âme, lorsqu'elle se sépa-*

*rera de mon corps. Amen. O homme ! songe, pendant toute ta vie, à ton dernier moment : malgré tes péchés, tu obtiendras l'éternité.*

*Laurent Wissenbach, et Marguerite Schwitzerin, son épouse.* (1583.)

311 — VITRAIL allemand, de 24 cent. de large, sur 41 de haut, sans le cadre ; représentant la Reine des cieux, tenant le sceptre et l'enfant Jésus ; au-dessous de ses pieds, la sainte Trinité ; et d'un côté, le chemin du ciel, et de l'autre, celui de l'enfer.

| LA MORT. | LE MONDE. |
|---|---|
| J'ai grand soin du creuset : lorsque chacun aura accompli son œuvre, qu'il redevienne terre. | Je suis le monde, seigneur de race ; je mets mignonnement beaucoup de charbons dans le creuset ; peu m'importe où passe l'or. |

312 — VITRAIL allemand, de 23 cent. sur 32 de haut ; deux armoiries d'argent, l'une au cerf couché de gueules, l'autre d'or au, bouc passant de sable. Inscription : 1621. *Elisabeth Kellerin, épouse de Salomon Kirtzell, conseiller et gouverneur.*

313 — VITRAIL allemand, de 22 cent. sur 31 ; un tanneur, 1688. signé I. F.

314 — VITRAIL italien, de 26 cent. sur 19 : chasse au cerf. 1580.

315 — *Idem*, *id.* chasse au blaireau. 1580.

316 — *Idem*, *id.* départ pour la chasse. 1580.

317 — *Idem*, *id.* chasse à l'ours. 1580.

318 — VITRAIL allemand, de 27 cent. sur 26, sans le cadre; représentant le baptême de Jésus-Christ.

319 — VITRAIL allemand, très-fin, de 21 cent. sur 16, sans le cadre ; représentant deux armoiries. Inscription : *Sieur Jean Gaspart Hirtzel, bourgmestre et colonel de la bannière de la ville de Zurich, et dame Catherine Orell, son épouse.* (1677.)

320 — VITRAIL allemand, de 29 cent. sur 21 ; représentant un roi faisant brûler des livres devant un saint religieux dominicain; inscription allemande. Inscription : 1670. *Fr. Dominique Schmider, de ce temps porte-drapeau des tirailleurs, et dame Anne Marie Schmiderin, née Hongerin, son épouse.*

321 — VITRAIL italien, de 21 cent. sur 17 ; Jésus-Christ apparaissant à un saint religieux.

322 — VITRAIL suisse, de 20 cent. sur 13. *Il arrive vers le père, et demande grâce devant tous : O mon Dieu, j'ai péché. Il lui pardonne volontiers tout.*

*Christophe Meyer, et dame Marguerite Wydlery, son épouse.* (1656.)

323 — VITRAIL, de 28 cent. sur 22, sans le cadre; en dix compartiments, de 3 cent. de large. Jésus-Christ crucifié, et plusieurs martyrs.

324 — VITRAIL grisaille, de sujets divers; de 27 cent. sur 21; scènes de l'histoire de Tobie, avec l'inscription : *Il faisait secrètement la levée des morts, et par charité il les enterrait de nuit. Ses yeux étant privés de la lumière, il fut exposé à la dérision de ses propres amis.* (1377.)

Au bas, la Fortune, avec l'inscription : *Quand Fortune me tourmente, espérance me contente.*

325 — VITRAIL rond, de 18 cent. de diamètre; saint Martin partageant son manteau, et la sainte Vierge. Inscription : *La trèslouable commune de Baar.*

326 — VITRAIL, de 21 cent. de long, sur 31 de haut, sans son cadre ; un porte-enseigne armé de toutes pièces; les armoirie et inscription : *Jean Henri Hagner, porte-enseigne, du pays de la Marche.* (1604.)

327 — VITRAIL, de 22 cent. de long, sur 32 de haut ; deux armoiries fort richement ajustées ; au-dessus, un sujet de la vie de Guillaume Tell. Inscription : *Si Dieu est avec nous, qui sera contre nous. Jacob Eschamel, et sieur Henri Stültz, de ce temps maîtrestirailleurs ou arquebusiers, à Murnen.*

328 — VITRAIL, de 22 cent. de large, sur 31 de haut; deux beaux et riches écussons; au bas l'inscription : *Salomon Hirtzel, lieutenant du conseil et secrétaire de la ville de Zurich, et prévôt élu de la seigneurie de Wacdischwyl, Régule Rallencietz, son épouse.*

329 — VITRAIL, de 19 cent. de long, sur 29 de haut ; un écusson richement ornemanisé. Inscription : *Monsieur Jean Jacques Haffner, bourgeois de Murtten, et lieutenant au service de sa majesté le roi de France et de Navarre.* (1545.)

330 — VITRAIL, de 22 cent. sur 32 de haut; très-bel écusson. Inscription : *Monsieur Pierre Missodt, bourgmestre et conseiller de la ville de Murtten.* (L'an 1644.)

331 — VITRAIL, de 21 cent. sur 32 de haut; deux beaux écussons; inscription : *Monsieur Daniel, cousin de M. Schwan l'aîné, et de M. Daniel le cadet, bourgeois de Murtten.* (*L'an* 1644.)

332 — VITRAIL, de 21 cent. sur 32 de haut; bel écusson ornemanisé; dans la partie du haut, un laboureur. Inscription : *Jean Hartmann, de ce temps magistrat ou seigneur du cortége de la ville de Zurich, et Anne de Cham.* (1608.)

333 — VITRAIL; la Mère de douleurs, la Vierge au Rosaire, saint Jacques; très-fin d'exécution, mais fortement endommagé.

334 — VITRAIL ovale, de 33 cent. de large, sur 17 de haut; saint Luc, assis devant un bureau, à côté d'un chevalet et d'une bibliothèque.

335 — VITRAIL, de 16 cent. de large, sur 21 de haut, grisaille et or, une Vierge et l'enfant Jésus; bien de style.

336 — VITRAIL, de 26 cent. sur 32 de haut; deux hallebardiers.

337 — QUATRE VITRAUX, moins beaux.

# SÉRIE DES PEINTURES.

(ANTÉRIEURES A LA RENAISSANCE DE L'ART.)

338 — DIPTYQUE, de 47 cent. de large, sur 38 de haut, du XVᵉ siècle, peint en grisaille; représentant, d'une part, saint Jean-Baptiste portant l'agneau, et de l'autre, la Vierge et l'enfant Jésus; attribué à Albert Dürer, forme de livre.

339 — TRIPTYQUE, de 58 cent. de large, sur 60 de haut; peinture attribuée au Fiezole, du XVᵉ siècle; représentant sur un fond doré l'Annonciation, sainte Catherine, saint Grégoire, et dans la partie supérieure, le Sauveur et deux anges à mi-corps.

340 — LA VIERGE ET L'ENFANT JÉSUS, de 102 cent. de large, sur 133 de haut; peint sur bois; école allemande; portant au bas cette inscription : *Læva sub capite meo, et dextera illius amplexabitur me.* Cette peinture a son cadre de l'époque.

341 — SAINT GEORGES terrassant le diable; peinture grecque, du XIᵉ — XIIᵉ siècle; de 37 cent. de large, sur 47 de haut.

342 — L'ADORATION DES MAGES, de 54 cent. de large, sur 40 de haut; peint et signé par Pierre Breughel, en 1605.

343 — TRIPTYQUE, de 32 cent. de large, sur 40 de haut; représentant le Calvaire dans la partie du milieu, Jésus-Christ au jardin des Olives, sur le volet de droite, et la Résurrection, sur celui de gauche. Cette peinture très-fine et d'une conservation parfaite, est de Lucas Cranach, dont elle porte la marque, qui est un dragon ailé. On y remarque plusieurs portraits historiques, entre autres, celui de Jean Frédéric, duc de Saxe.

344 — PETIT TABLEAU, de 30 cent. de large, sur 42 de haut; représentant la sainte Vierge, des anges et des saints. Ecole d'Italie du XVᵉ siècle.

345 — TÊTE DE SAINT, fond doré, 38 cent. de large, sur 38 de haut.

346 — DIPTYQUE, de 50 cent. de large, sur 33 de haut ; le portement de la Croix et le Calvaire ; attribué au Giotto. En dehors, des anges, peints en camaïeu.

347 — TRIPTYQUE, de 81 cent. de large, sur 57 de haut ; représentant, au milieu, la Vierge et l'enfant Jésus ; sur le volet de droite, sainte Catherine, et sur celui de gauche, une autre sainte.

348 — PETIT DIPTYQUE grec, de 17 cent. de large, sur 9 de haut, peint à la cire, inscriptions grecques.

349 — PORTRAIT, avec l'inscription : *Catherine d'Amboise, vicomtesse de Turaine, de l'âge de XV ans.* De 43 cent. de large, sur 55 de haut.

350 — DEUX PETITS PANNEAUX peints, saint Antoine et saint Christophe ; de 26 cent. de large, sur 42 de haut ; restaurés.

# SÉRIE DES MANUSCRITS.

351 — PSALTERIUM, manuscrit vélin du XIVᵉ siècle, in-4°, fermoir en argent, couvert en panne rouge; dix grandes peintures et vingt petites; pages ornées, 152 feuilles, tranches dorées et peintes. Ce manuscrit offre cela de curieux, qu'un grand nombre de miniatures ne sont point terminées, tandis que les vignettes le sont : ce qui fait voir que ce n'était pas la même main, qui faisait les unes et les autres.

*Pierpont Morgan 281*

352 — BRÉVIAIRE, 17 petites miniatures et une grande quantité de lettres ornées; manuscrit vélin du commencement du XVᵉ siècle, in-4°, ancienne reliure, 234 feuilles. La grande miniature représente un saint guerrier portant un drapeau rouge de la main droite, et qui est appuyé de la gauche sur les armes de Navarre; la tête a le type des princes de Navarre.

353 — PROLOGUS SANCTI HIERONIMI MISSUS AD CONSTANTINUM CONSTANTINOPOLIT. EPISCOPUM, dix grandes lettres, une moyenne et huit petites; 153 feuilles; manuscrit vélin du Xᵉ siècle, in-4°, ancienne reliure dont il manque la garniture supérieure.

*Brölemann 161*

354 — TERTIA PARS MISSALIS BELVACENSIS, grandes lettres ornées à toutes les pages. Dans des lettres, trois petites miniatures; 308 feuilles, manuscrit vélin du XIVᵉ siècle, grand in-4°, reliure cuir de Russie, tranche dorée et ciselée, clous et fermoir en cuivre doré.

355 — MISSALE, manuscrit vélin du XIVᵉ siècle, in-folio, ancienne reliure; 118 feuilles, huit miniatures et quantité de lettres ornées.

356 — MISSALE, manuscrit vélin du XVᵉ siècle, ancienne reliure veau rouge gaufré, fermoir en cuivre et courroies; 340 feuilles, dix-neuf petites miniatures et une grande. Lettres ornemanisées, peinture allemande; armoiries, mi-partie au premier d'or

à l'aigle couronné de sable, et à une tête de lion arrachée de même, languée de gueules, l'une sur l'autre; au second de gueules à la fasce d'or, au lion naissant d'argent, surchargé d'un lambel à quatre pendants d'azur.

**357 — VIE ET GESTES DE CÉSAR**, manuscrit, papier écrit sur deux colonnes, XVᵉ siècle, grand in-folio, ancienne reliure, gaufré, en mauvais état; 219 feuilles; une peinture.

**358 — HEURES** en latin, lettres ornées, pages encadrées; manuscrit vélin du XIVᵉ siècle; reliure velours gros bleu, fermoirs en argent, tranche dorée et peinte; petit in-4°, 186 feuilles, douze miniatures et trente-deux médaillons, y compris ceux qui entourent les grandes miniatures, une feuille blanche. Très-beau manuscrit.

**359 — LIBER EXAMERON BEATI AMBROSIE EPISCOPE**, manuscrit vélin du XIIᵉ au XIIIᵉ siècle, reliure velours; petit in-4°, 145 feuilles, une page peinture et sept lettres ornées. *Comte de L'Escalopi* *auj. Amiens*

**360 — HEURES** en latin, pages encadrées, lettres ornées, miniatures, manuscrit vélin du XIVᵉ siècle, reliure velours, fermoir en argent, tranche dorée, ciselée, 139 feuilles, seize miniatures, pages encadrées richement.

**361 — EMBLÈME** en latin, (dédié à Antoine Dubourg, chancelier de France, par N. Dupré.) manuscrit papier fin, in-8°, reliure bas., 47 feuilles, dix-neuf miniatures.

**362 — LIBER DE INFANCIA SALVATORIS**, manuscrit vélin du XIVᵉ siècle, 36 feuillets, in-8°, ancienne reliure étoffe. *Barrois!*

**363 — ROMAN DE LA ROSE**, manuscrit vélin du XVᵉ siècle, écrit sur deux colonnes; le premier feuillet a été enlevé. Après le troisième feuillet, une continuation du roman occupe seize feuillets; la fin manque. In-folio, relié v. écaille.

**364 — EVANGELIA MISSARUM**, cent quatre-vingt-six lettres ornées, dont trois grandes; manuscrit vélin du Xᵉ siècle, in-4°, ancienne reliure dont la garniture manque. *Bröleman A.Ch.Beatty*

**365 — LA MEDICINE DE LAME POUR SON DERRENIER TRESPAS**, manuscrit vélin du XIVᵉ siècle, 88 feuillets à deux colonnes, dérelié.

**366 — LE CHAPELET DE VIRGINITÉ**, cinq pages encadrées et ornées; manuscrit vélin du XVᵉ siècle, petit in-4°, dérelié, 38 feuilles; armoiries de gueules, au lion passant d'or, langué et armé d'argent.

367 — ANTIPHONARIUM, lettres ornées, miniatures; manuscrit vélin du XIVᵉ siècle, grand in-folio, reliure ancienne, gaufrée, cordée, bien conservée; clous et fermoirs en cuivre; 191 feuilles, neuf miniatures encadrées, cinquante-deux lettres ornées.

368 — MISSALE, manuscrit vélin, grand in-folio du XIVᵉ siècle, ancienne reliure bien conservée, vélin gaufré, cordé; 270 feuilles; une grande miniature, onze petites, et cinquante-trois lettres ornemanisées.

369 — FRUICTS DE TRIBULACIONS, quelques pages à demi encadrées: manuscrit vélin du XVᵉ siècle, reliure maroquin noir, tranche dorée, petit in-8°, 134 feuilles, trois miniatures en mauvais état: sur la seconde feuille est la griffe de saisie du parlement, lors de l'expulsion des jésuites; cette saisie est datée de 1763.

370 — RECUEIL de plusieurs traités, en forme de lettres, d'Eneas Silvius; un précis de sa vie. Le roman de Lucrèce et d'Euryale, manuscrit vélin de 1444, de 46 feuillets, ornés de très-belles vignettes de la plus belle exécution, parmi lesquelles on remarque les portraits de l'empereur Barberousse, de Maximilien et de Louis XI. Voyez Osmond, *Dictionnaire bibliogr.*, page 211, au mot *Pie II;* Debure, au mot *Eneas Silvius*. Ce superbe manuscrit provient de la vente du sénateur Grivaud de la Vincelle, archiviste du sénat; in-8, maroquin violet, tranche dorée.

371 — EXEGESE ou INTERPRÉTATION DE DEUX COLLOQUES D'ÉRASME, par Jehan Brèche; *dédiés à Jehanne de Navare*. Manuscrit vélin du XVIᵉ siècle, petit in-8°, reliure bas.; à la première page, les armes de Jeanne de Navarre.

372 — HEURES en latin, manuscrit vélin, écriture imitant les caractères romains d'imprimerie, avec de nombreuses vignettes et lettres ornées à la plume, 1695, petit in-8°, ancienne reliure, veau, filets, compartiments, tranches dorées; sur la dernière feuille est le nom de l'écrivain: *Hoc opusculum intra anni circulum absolvit R. F. P. Gregorius Ilimperger monachus benedictinus in Tegernsee Ætatis I·X anno M·DC·XC·V.* Magnifique exécution et conservation.

373 — HEURES en latin, manuscrit vélin, caractères minuscules rom. du XVIᵉ siècle, in-8°, reliure velours vert, richement garni de coins et fermoirs en argent, tranches ciselées; 122 feuillets, trente-neuf miniatures tant grandes que petites, d'une grande finesse d'exécution, avec les armoiries et annotations de la famille de messire Chaillot, jadis président du parlement de Dôle.

# SÉRIE DES IVOIRES SCULPTÉS.

374 — PEIGNE du XII° siècle, sujet du roman du Château d'amour; de 13 cent. sur 11.

375 — PARTIE DE COUVERTURE de manuscrit du XIV° siècle, sujet de l'Apocalypse; de 55 mill. de large, sur 78 de haut.

376 — DIPTYQUE du XV° siècle, représentant l'Adoration des rois mages et des bergers; de 15 cent. et demi de large, sur 10 et demi de haut.

377 — TRIPTYQUE, représentant le couronnement de la Vierge; de 13 cent. et demi de large, sur 10 et demi de haut.

378 — TABLETTE à quatre compartiments, sujets d'amour; de 10 cent. de haut, sur 6 de large.

379 — PARTIE DE TRIPTYQUE, représentant divers sujets religieux, le Christ, le couronnement de la Vierge, et divers saints et saintes; de 11 cent. de large, sur 12 de haut.

380 — PARTIE DE TRIPTYQUE, représentant le Christ, la sainte Vierge et saint Jean; de 12 cent. et demi de haut, sur 8 de large.

381 — LE CHRIST en buste, donnant sa bénédiction et tenant de la main gauche un livre; la tête se détache sur une croix. Style grec, antérieur au X° siècle; de 13 cent. et demi de haut, sur 10 de large.

382 — PARTIE DE GARNITURE D'UN COFFRET, sujet tiré du roman du Chevalier du Lion; de 19 cent. de large, sur 7 et demi de haut.

383 — PARTIE D'UN RETABLE, représentant un groupe d'apôtres, provenant de l'abbaye de Saint-Just, à Lyon, et ayant été trouvée dans la Saône. Beau de style.

384 — POIGNÉE d'un couteau de chasse ou poignard du XVI° siècle, représentant des dragons s'entre-mordant, et les armes,

qu'on dit être de la ville de Fribourg, avec la date de 1642, accompagnées des initiales F. M.

385 — BAISER-DE-PAIX, du XVI° siècle; représentant la sainte Vierge et l'enfant Jésus.

386 — MÉDAILLON A JOUR, XVII° siècle; représentant la flagellation de Notre-Seigneur; de 6 cent. de haut, sur 5 de large.

387 — SAINT JÉROME, statuette de 36 cent. de haut, d'une seule pièce d'ivoire, sauf le bras gauche qui est refait. Beau style.

388 — VIERGE, de travail espagnol, partie dorée; de 23 cent. de haut.

389 — PARTIE DE DIPTYQUE, de 10 cent. et demi de haut, sur 7 de large; Jésus-Christ sur la croix, entouré des saintes femmes et de ses disciples.

390 — PARTIE DE DIPTYQUE, la Vierge et trois anges; de 10 cent. de haut, sur 7 de large.

391 — TÊTE DE MORT.

392 — TÊTE À TROIS FACES, du XVI° siècle; celles du Christ, de la Vierge, et tête de mort.

393 — DIPTYQUE, représentant, d'une part, la mort de Notre-Seigneur, de l'autre, celle de la sainte Vierge; de 14 cent. de large, sur 9 de haut. Très-fin d'exécution. (XV° siècle.)

394 — TABLETTE et boîte à miroir, en deux parties jointes ensemble; sujet d'amour, de 92 mill. de haut, sur 36 de large. (XIV° — XV° siècle.)

395 — PETITE CHAPELLE, du XIV° siècle; la Vierge au milieu, tenant le divin enfant, habillé d'une tunique; avec double volet de chaque côté, représentant divers traits de la vie de la sainte Vierge. Très-fin de travail; de 14 cent. et demi de large, sur 18 de haut.

396 — CHAPELLE, même sujet que celle ci-dessus, dans une boîte en bois doré, à volets; objet curieux et fort bien conservé. Sur les volets est écrite la strophe: *Ave Maris stella*, etc., et sur le socle: *Ave Maria gracia plena*. (XIII° siècle.)

397 — BOITE A MIROIR en ivoire sculpté, représentant un sujet amoureux; de 8 cent. et demi de diamètre.

398 — COFFRET , en ivoire, du XIV° au XV° siècle ; représentant divers sujets ; partie en bois incrusté, ayant 26 cent. de long, sur 11 de large.

399 — COFFRET, même genre.

400 — COFFRET , très-curieux pour sa conservation , paraissant du XIII° siècle ; il a des lettres gothiques autour ; de 22 cent. de long, sur 17 de large et 10 de haut.

401 — PETIT TABLEAU, représentant Notre-Seigneur au jardin des Olives ; de 14 cent. de haut , sur 10 de large.

402 — PETIT MÉDAILLON, monté sur argent ; représentant saint Jean Népomucène d'un côté et une sainte de l'autre.

403 — PETIT MÉDAILLON ou plaque, représentant l'Adoration des mages ; de 42 cent. sur 36.

404 — OLIFANT , de 8 cent. et demi de haut ; avec des ornements sculptés, et un médaillon, renfermant un cerf ; travail du XV° siècle. 60 cent. de long.

405 — PEIGNE, avec sculpture, représentant Bethsabée ; de 13 cent. sur 14.

406 — CROSSE D'ÉVÊQUE, du IX° au X° siècle, trouvée dans le tombeau d'un évêque de Saint-Claude (Jura).

407 — PEIGNE, trouvé dans la même tombe.

408 — DIPTYQUE, représentant des sujets religieux ; très-fin de détail ; de 11 cent. de large, sur 5 de haut.

409 — TROUSSE, dont le fourreau en bois porte vingt-huit petits sujets religieux, sculptés finement ; contenant un couteau et une fourchette, dont les manches sont formés de groupes d'animaux en ivoire sculpté, d'un admirable travail. L'étui en bois porte la date 1618, et est signé W. G. W.

410 — IVOIRE, de 9 cent. de haut , sur 5 et demi de large ; le Christ sur la croix , les saintes femmes et ses disciples. (XV° s.)

411 — IVOIRE CARRÉ, de 8 cent. ; trois saintes. Antérieur au XV° siècle.

412 — VASE, chef-d'œuvre, de 18 cent. de haut ; dent de licorne. Le couvercle, très-finement exécuté ; petits sujets religieux.

413 — TROIS PETITES FIGURES, de 5 cent. de haut.

**414 — DIPTYQUE**, de 21 cent. et demi de haut, sur 23 et demi de large; magnifique exécution, du XIV° — XV° siècle. Six sujets de la Passion de Jésus-Christ.

**415 — POIRE A POUDRE**, forme de poisson, couverte de têtes et d'ornements sculptés; 26 cent. de long.

**416 — COUVERTURE DE MANUSCRIT**, antérieure au X° siècle, représentant Jésus-Christ assis, donnant sa bénédiction, et tenant de la main gauche un livre. Endommagé.

**417 — JEU DE DÉS**, composé de trois petites figures grotesques (Louis XIII.)

**418 — COUTEAU ET FOURCHETTE**, manches d'ivoire, de la même époque.

**419 — VIERGE**, tenant l'enfant Jésus; de 17 cent. de haut. Jolie exécution.

**420 — BUIRE** en ivoire, de 17 à 18 cent. de haut; des Tritons, des Naïades, etc. D'une superbe exécution; monture en argent, partie dorée.

**421 — TRIPTYQUE**, de 24 cent. de large, sur 26 de haut; la Vierge et l'enfant Jésus, deux anges et deux saints, d'après Giovani Pisano. (La gravure de cet objet.)

**422 — ÉTUI**, dans une jambe; finement exécuté.

**423 — JUDITH**, tenant la tête d'Holopherne; belle exécution.

# SÉRIE DES MEUBLES

## ET OBJETS EN BOIS SCULPTÉS ET INCRUSTÉS.

**424** — MEUBLE à quatre portes, bois de noyer sculpté, de la belle époque de la renaissance : la partie supérieure, d'égale grandeur à la partie inférieure, en est séparée par deux tiroirs, sur lesquels sont sculptés des chevaux marins, d'un fort beau travail, qu'on peut attribuer à Jean Goujon ; entre le couronnement et la partie supérieure, est une tablette représentant Vénus et l'Amour, de la même main que les tiroirs; sur les portes, sont représentées quatre figures allégoriques, d'un travail remarquable, quoique inférieur à celui dont il vient d'être parlé; il est garni intérieurement en étoffe, garnie de dentelles d'or.

**425** — DRESSOIR en bois de noyer sculpté, à cinq étagères et doubles rangs de tiroirs; il est pur et sans la moindre restauration. Ces meubles servaient à dresser les belles faïences de Bernard de Palissy, les aiguières en étain des Briot, celles en émail de Limoges, et autres chefs-d'œuvre de l'époque. Quelques-uns pouvaient être destinés au service des salles à manger. (Fin du XVIᵉ siècle. )

**426** — BAHUT en noyer sculpté et incrusté de pâte, d'une grande magnificence, et du travail le plus fin et le plus remarquable; ces incrustations sont l'origine de celles qui se sont faites plus tard en ivoire, puis en métaux divers. Ces meubles servaient à renfermer les présents de noce et les hardes ; ils ont été remplacés, sous le règne de Henri III à Henri IV, par les commodes, dont le nom laisse assez voir l'inconvénient du bahut, que l'on trouve le plus souvent aujourd'hui dans les écuries, pour contenir l'avoine. Ceux-ci ont été trouvés près de Lyon, et ont servi longtemps à cet usage. Il est probable, d'après le travail de ces bahuts, qu'ils ont été faits par les artistes Florentins qui affluaient à Lyon, sous le règne de François Iᵉʳ, d'où datent ces deux meubles qu'on dit avoir été faits pour un archevêque de Lyon.

427 — BAHUT en bois de noyer, richement et finement sculpté; il est d'une conservation parfaite ; il est muni d'une fort belle serrure à secret et de ses manettes en fer ; dans la partie du milieu, est un écusson, portant un monogramme gothique, surmonté d'une croix archiépiscopale. Ce bahut est du XV° siècle.

428 — SIÉGE seigneurial en bois de noyer, richement sculpté ; le dossier est à jour ; il est garni de son coussin et de son dais. C'est sur ces siéges que les seigneurs recevaient leurs vassaux et rendaient la justice ; ils faisaient aussi partie du cadeau de noce qu'un père faisait à sa fille, en la mariant, et accompagnaient le lit de six pieds de large et le bahut.

429 — SIÉGE seigneurial en bois de noyer, sculpté avec son tiroir ; il est garni de son coussin et de son dais. Il appartient au règne d'Henri II.

430 — CRÉDENCE, du XV° siècle, en bois de noyer, sculpté, d'un travail assez fin. Ces meubles étaient le plus souvent destinés au service des chapelles ou sacristies.

431 — CHAISES en bois de noyer, sculptées, du XVI° siècle. Plus en usage en Suisse qu'en France.

432 — TABLE en noyer, d'un beau travail et presque sans restauration ; les têtes ou pieds sont en éventail. ( XVI° siècle. )

433 — COFFRET, incrusté en ivoire, gravé, du XVI° siècle, garni de sa serrure. Travail allemand très-fin.

434 — BÉNITIER du XVII° siècle. D'un fort beau travail.

435 — DEUX PANNEAUX de portes de sacristies, richement sculptés ; XV° siècle. Sujets religieux.

436 — PEIGNE en bois de cèdre. XV° siècle, avec cette devise : *De tout cœur je le donne.*

437 — PEIGNE, plus grand que le précédent, XV° siècle, avec cette devise : *Aye de moi souvenance.*

438 — PEIGNE en bois, XV° siècle, d'un beau travail, avec le chiffre I H S. et celui de Marie ; ce qui semblerait indiquer que c'est un peigne de sacristie, les prêtres ayant conservé longtemps l'habitude de se peigner, avant de monter à l'autel.

439 — COFFRET en bois, sculpté, XVII° — XVIII° siècle; travail fin et soigné.

440 — BAS-RELIEF, représentant la Transfiguration de Notre-Seigneur Jésus-Christ. Très-beau travail. (XVI° siècle. )

**441** — DEUX MIROIRS, entourage, cadre sculptés sur bois , surmontés d'une tête d'ange.

**442** — BAS-RELIEF, sculpté finement sur bois de cèdre; représentant le baptême de Notre-Seigneur, renfermé dans une niche, avec glaces.

**443** — CROIX en bois de cèdre, sculptée finement.

**444** — BAS-RELIEF en buis ; la Mère de douleurs, entre deux anges, devant le corps de son divin Fils descendu de la croix. Beau travail du XVI° — XVII° siècle.

**445** — BAS-RELIEF en bois divers, incrustés et sculptés très-finement.

**446** — MANCHE de couteau, buis sculpté finement.

**447** — DEUX PETITS FLAMBEAUX, bois de cèdre sculpté. ( XVII° — XVIII° siècle. )

**448** — BAHUT ou COFFRE italien, magnifiquement sculpté, bas-relief, rond de bosses : fond doré et armoiries mi-parties au premier d'or au lion d'azur, au second d'azur à une tête d'homme de carnation , bonnet d'or ; légende : EAMVS IACTA EST ALEA dans un cartouche, et VENI VIDI VICI dans un second cartouche. Le couvercle à dôme.

# SÉRIE DES OBJETS DIVERS.

**149** — CALICE en argent doré, du XIV° au XV° siècle ; d'un beau travail, et se rattachant à un des miracles les plus avérés du XVI° siècle : c'est avec ce calice que l'évêque Agrinius alla recevoir l'hostie miraculeuse, après l'incendie de l'Abbaye de Favernay, en Franche-Comté.

**150** — VIERGE A LA COLONNE DE SARRAGOSSE, richement montée et d'un beau travail ; le pied est en cuivre doré, enrichi de pierreries, ornements, bas-relief en cuivre doré ou argent ; avec inscription et la date de 1582. La Vierge en argent ; au-dessous de la Résurrection et de la base de la colonne, la légende : *Data est mihi omnis potestas in cœlo et in terrâ*, Matth. ps. c. xxviii. Dans la partie supérieure du socle, les douze apôtres en argent, et leurs noms ; dans la partie inférieure, la création : Dieu dictant ses volontés à nos premiers parents ; Adam et Eve mangeant du fruit défendu ; Adam et Eve chassés du paradis, et sur le pied, les saints Evangélistes, des têtes d'anges et inscriptions : *In principio erat Verbum*, etc. Fort belle pièce, de 62 cent. de haut.

**151** — ENCENSOIR en fer doré, du XIV° siècle.

**152** — CIBOIRE en cuivre doré, du XIV° siècle.

**153** — AIGUIÈRE en étain, de Briot (François), de 30 à 32 cent. de haut ; avec son bassin ; magnifique d'exécution et de conservation, malgré une légère fente dans une partie du retour d'évasement du bassin, qui a 46 cent. de diamètre, portant au revers la marque de l'auteur, qui consiste en son portrait et l'inscription : SCVLPEBAT FRANCISCVS BRIOT.

**154** — AIGUIÈRE en étain de Charles Briot, de 30 à 32 cent. de haut, avec son bassin de 46 cent. de diamètre, un peu fruste et oxidé, portant la marque de l'auteur, C· F· dans les ornements. (XVI° siècle. )

. 455 — AIGUIÈRE en étain, imitation de Briot, de 30 à 32 cent. de haut; dans un état parfait de conservation, avec son bassin, de 46 à 48 cent. de diamètre; portant au-dessous le médaillon et la marque de l'auteur, avec l'inscription : SCVLPEBAT GASPAR ENDERLEIN. (XVIᵉ siècle.)

456 — POT A BIÈRE en étain, avec figures et ornements, dans le genre de l'aiguière ci-dessus, et sans contredit de la même main.

457 — PATÈNE luthérienne en étain, de 22 cent. de diamètre, à bords festonnés; aux armes des treize cantons suisses.

458 — PATÈNE luthérienne en étain, de 20 cent., avec douze médaillons aux douze apôtres sur le rebord, et la Résurrection dans la partie concave.

459 — PATÈNE luthérienne en étain, de 18 cent. de diamètre, avec ornements, et les quatre saisons sur le rebord, la création au milieu.

460 — CHANDELIER en bronze florentin, d'un magnifique travail; il manque la partie supérieure; de 27 cent. de hauteur; la base est de 22 cent. de diamètre. (XVIᵉ siècle.)

461 — BŒUF en bronze, vieux florentin; ayant 22 cent. de long, sur 20 de hauteur, avec son socle; beau travail.

462 — STATUETTE en bronze doré; représentant saint Jean l'évangéliste au pied de la croix; 22 cent. de haut, sans le socle. Bel ouvrage du XVᵉ siècle.

463 — Idem, bronze doré, représentant la Mère de douleurs au pied de la croix; 21 cent. de haut, sans le socle. Bel ouvrage du XVᵉ siècle.

464 — Idem, bronze doré, représentant un saint Jean; fort beau travail du XVᵉ siècle; de 22 cent. de haut, sans le socle.

465 — GRAND RELIQUAIRE, buis doré, sculpté très-richement; de 71 cent. de haut, sur 28 de large, à inscription en caractères gothiques sur le pied.

466 — RELIQUAIRE en cuivre doré; de 33 cent. de haut. (XIVᵉ — XVᵉ siècle.)

467 — RELIQUAIRE en cuivre doré, surmonté de sa croix, avec le Christ; de 30 cent. de haut. (XVᵉ siècle.)

468 — Idem, XIVᵉ siècle, surmonté d'une croix; de 31 cent.

469 — RELIQUAIRE, du XIV⁰ — XV⁰ siècle, surmonté d'une croix, et garni de petits émaux ; de 27 cent. de haut.

470 — *Idem*, forme de flèche de clocher ; 23 cent. de haut.

471 — RELIQUAIRE ossuaire, de 15 cent. de haut ; cuivre doré.

472 — RELIQUAIRE argent, de 13 cent. cristal de roche, cassé.

473 — GRANDE ET BELLE CROIX en argent doré, finement ornemanisée ; montée sur un pied en cuivre doré, richement orné et ciselé, partie en cristal de roche ; à la partie du milieu, deux plaques émaillées, qui ont été endommagées. Cette pièce est des plus remarquables. ( XVI⁰ siècle. )

474 — RELIQUAIRE en forme de croix archiépiscopale, de 39 cent. de haut, ayant sa boîte à authentique ; le dessus formant armoiries de gueules, à la bande d'or, à une étoile d'azur.

475 — VIERGE, style byzantin, cuivre repoussé, doré et garni de turquoises fines , 33 cent. de haut.

476 — TAPISSERIE , tissu de laine, d'or et d'argent ; sujet historique, représentant le mariage d'un prince de Gueldres, etc. Très-beau dessin, dans le style et de l'époque de Raphaël.

477 — TAPISSERIE, du même genre que la précédente ; sujet historique de la même famille : une naissance. On y voit les armes des princes de Gueldres. Ces deux pièces sont des plus remarquables.

478 — COFFRET, cuivre doré, ornements très-fins, de 19 cent. de long , 12 de large et de haut. (XVI⁰ siècle.)

479 — BOITE en cuivre doré et à jours, finement ciselé.

480 — CROSSE en cuivre doré et ciselé très-richement, et ornements niellés sur argent, armoiries ; très-belle pièce, qui était conservée à la cathédrale de Chambéry ( Savoie ), comme ayant appartenu à saint François de Sales.

481 — CANIF ET GRATTOIR , fer gravé, manche en ivoire.

482 — PORTE DE TABERNACLE en argent ; représentant la Vierge au donataire, encadrée récemment en cuivre doré. Travail fin.

483 — STATUETTE en marbre blanc, de 40 cent. de hauteur; la sainte Vierge et l'enfant Jésus. Beau travail du XV° siècle.

484 — STATUETTE, marbre blanc, de 39 cent. de hauteur, pleureur provenant de quelque tombeau.

485 — STATUETTE en pierre, de 39 cent. de haut, pleureur; beau travail du XV° siècle.

486 — STATUETTES en cuivre doré, deux évangélistes assis, de 9 cent. de hauteur.

487 — SERRURE, chef-d'œuvre de la renaissance, avec sa clef.

488 — SERRURE, *id.*

489 — BAS-RELIEF en marbre; représentant la Mère de douleurs, pleurant sur son divin Fils mort et soutenu par deux anges. Très-beau de style. (XVI° siècle.)

490 — BAS-RELIEF en cuivre, repoussé, ciselé et doré; représentant la présentation de la sainte Vierge au temple. Beau cadre en ébène, ornements dorés, très-fin. (XVI° siècle.)

491 — BAS-RELIEF, médaillon en marbre, portrait d'ES-TIENNE MENESSARRE. Très-belle exécution.

492 — COUTEAU, lame gra..., manche fer ciselé nacre et ivoire. (XVI° siècle.)

493 — COUTEAU, lame gravée, manche cuivre doré.

494 — TROIS JOLIES CLEFS. (XVII° siècle.)

495 — BELLE CLEF à pavillon. (XVI° siècle.)

496 — BELLE CLEF à figures ciselées.

497 — ÉTUI, fer ciselé, formant cachet.

498 — CLEF. (XV° siècle.)

499 — FERMOIR d'escarcelle, fer damasquiné or et argent. (XVI° siècle.)

500 — FERMOIR d'escarcelle, fer damasquiné or, son ceinturon et ses garnitures. (XVI° siècle.)

501 — FERMOIR d'escarcelle en fer ciselé; très-beau travail du XVI° siècle. De la plus belle exécution.

502 — FERMOIR d'escarcelle, fer ciselé à tourelles. (XV° s.)

503 — PORTE-ESCARCELLE, cuivre ciselé, argenté et doré ; aux armes des empereurs d'Allemagne, signé I· B· 1677.

504 — AGRAFE d'épée, en fer doré, richement ciselé ; qu'on dit avoir appartenu à Henri II ; composée do deux pièces.

505 — CHEF-D'ŒUVRE en fer ciselé, qui peut avoir été un pommeau d'épée.

506 — MOUCHETTES en fer, plaquées en argent ciselé.

507 — LÉZARD en cuivre doré.

508 — BOITE en cuivre émaillé. (XVIe siècle.)

509 — BOITE d'horloge en cuivre doré, richement ciselé.

510 — HORLOGE, cuivre doré et repoussé.

511 — MÉDAILLONS ovales, bas-relief en pâte florentine, sainte famille.

512 — Idem, Ecce homo ; ces deux objets sont très-fins d'exécution.

513 — CLEF, avec des chiffres, couronne, etc.

514 — DEUX CLEFS ornemanisées.

515 — CROIX ARCHIÉPISCOPALE, cuivre gravé.

516 — CROIX, richement ciselée et à reliquaire. (XVIIe s.)

517 — TRIPTYQUE grec, en cuivre.

518 — PLAQUE en bronze florentin ; la Vierge, des anges, etc.

519 — DIPTYQUE en cuivre émaillé, grec.

520 — COLONNE en bronze, style roman, le socle refait.

521 — Idem.

522 — PLUSIEURS CADRES anciens, dont un fort beau en ébène, guilloché, garniture cuivre doré.

523 — COFFRET en fer gravé, style allemand. (XVIe siècle.)

524 — COFFRET en fer, très-fin. (XVe siècle.)

525 — BAS-RELIEF en albâtre, avec son cadre du temps ; l'agneau pascal.

526 — BAS-RELIEF en albâtre, même genre ; naissance de l'enfant Jésus.

527 — ÉCRITOIRE ET BOITE DE COULEUR, en cuir repoussé et gravé ; très-beau travail, rare et curieux. (XVIe siècle.)

528 — STATUETTE en bronze, saint Georges.

529 — PLATEAU en cristal de roche, garni de ses deux flacons.

530 — COFFRET damasquiné.

531 — DEVANT DE BAHUT ou d'autel, bois sculpté et peint, sujet religieux.

532 — DEVANT DE BAHUT, bois sculpté et peint; sujet de la vie de saint Jean-Baptiste, et de Pyrame et Thisbé.

533 — GRAND RETABLE, en bois sculpté; figures ronde bosse, peintes et dorées, formant cinq groupes; sujet tiré de la vie de la sainte Vierge.

# SÉRIE DES MÉDAILLONS,

## DES MÉDAILLES, DES MONNAIES ET DES SCEAUX.

534 — MÉDAILLON en bronze, de 90 mill. ; portrait de Ch. de Laubepine; la légende : *Carolus de Laubepine cust. sigilli Galliæ marq. de Chateauneuf.* 1651 ; au revers une allégorie ; légende : *Hoc monimentum dabit nomen eternum.*

535 — MÉDAILLON en bronze, de 10 cent. ; portrait de Gadagne, légende : *De Guadagnis. ci. flo.* au revers : *Nobilis Thomas de Guadagnis. civis flor. consiliarius. atq. ordinarius magister domus christianissimi. francisci. p. gallor. R. ac. du medio. hancœppe, faciendam accuravit AN. D. M. D. XX. III.* (Douteuse.)

536 — MÉDAILLON en bronze, de 10 cent. de diamètre ; portrait de Louis XII, légende : *Felice Ludovico. regnante duodecimo. cesare. altero. gaudet. omnis. nacio ;* au revers, portrait d'Anne de Bretagne ; légende : *Lugdun. re. publica. gaudente. bis. anna. regnante. benigne. sic. fui. conflata.* 1499. Très-belle conservation.

537 — MÉDAILLON, de 80 mill. cuivre doré ; beau portrait, signé I· BELLE· F· une légende : *Picard. consil. Reg. et gent. exactor officii. dom. ser. principis. de conti. act.* 42 ; au revers ; ses armoiries ; légende : *Quærite. primum. regnum. Dei. et. justitiam ejus et. hec omnia adiicientur. vobis.* 1656. Très-belle exécution et conservation.

538 — MÉDAILLON, de 106 mill. ; beau portrait, légende : *Divus. Alphonsus. arago. si siva. hie. hun. ma. sar. cor. rex. co. baduat. ten. c. r. c.* ; au revers, un homme nu terrassant un sanglier poursuivi par des chiens ; légende : *Venator intrepidus ;* au bas : *Opus Pisani, pictoris.* Superbe conservation et exécution.

539 — MÉDAILLON, de 85 mill. ; belle tête d'Isote de Rimini ; légende : *Isote. ariminensi. forma. et. virtute. italie. decori ;* au revers, un éléphant ; légende : *Opus. matthei. de pastis. M. CCCC. XLVII.*

540 — MÉDAILLON en bronze, de 80 mill.; tête de Malateste, légende : *Sigismundus. Pandulfus. Malatesta. pan. f. pontificii. exer. imp.* ; au revers, une femme assise sur deux éléphants et tenant une colonne ; au bas : M. CCCC. XLVI. Belle conservation.

541 — MÉDAILLON , de 80 mill. *Sigismundus. Pandulfus. Malatesta. pan. f.* ; au revers, un château fort, inscription : *Castellum. Sismundum. ariminense.* M. CCCC. XLVI. Belle conservation.

542 — MÉDAILLON à une seule face, en fer argenté, de 50 mill. *Franciscus junnior.*

543 — MÉDAILLON, de 95 mill.; un roi à cheval, légende indéchiffrable en partie : CONSTANTINUS IN XPO DEO FIDELIS INPERATOR ROMANORUM ET SEMPER AVGVSTVS. Au revers, une croix au milieu d'un épi de bled entre deux figures ; légende : DOMINI NOSTRI INV : XPI MVLT AVSIT GLORIAM.

544 — MÉDAILLON en bronze doré, de 72 mill.; représéntant deux palmiers portant l'un, les armes de France et celles de Portugal ; l'autre, sept écussons, dont le supérieur est aux armes d'Autriche ou d'Allemagne; légende : REGNORVM PAX FACTA. Au revers : l'Abondance et la Justice, légende : PROSPICE DVM PROSPERA.

545 — MÉDAILLON en argent doré, de 60 mill.; portrait de Louis XIII, avec la légende : LVDOVIC· XIII. D· G· FRANCOR. ET NAVARRE REX., signée G. Dupré. Au revers, le portrait d'Anne d'Autriche; légende : ANNA AVGVS. GALLIE ET NAVARE REGINA, signée G. Dupré. f. 1680.

546 — MÉDAILLON en argent creux, de 83 mill.; représentant des deux côtés les sujets historiques, expliqués par la légende, savoir d'une part : CÆS. MAX. COROXAM IMP· DONAVIT AMSTELO 14. DAMO 88. Au revers : COM. WILH· HOC INSIGNE AMSTELODAMO. DONO 13 DEDIT 42; signé P· V· ABEELE· F· Belle exécution.

547 — MÉDAILLON en argent, de 65 mill., représentant l'adoration des Bergers; légende : NASCITVR IMMANVEL MVNDO PROMISSVS AB ÆVO. Au revers, la circoncision; légende : NOS PENITVS CIRCVM-CIDAMVS PECTORE TOTO.; signature I. B.

548 — MÉDAILLON d'argent, de 66 mill.; Charles-Quint, légende : CAROLVS. V· DEI· GRATIA· ROMAN· IMPERATOR SEMPER· AVGVS-TVS· REX· HIS·ANNO· SAL· M· D· XXXVII ETATIS SVÆ XXXVII. Au revers, les armoiries avec les colonnes d'Hercule; légende : PLVS OVLTRE. Magnifique exécution. Ce médaillon est signé H· R·

549 — MÉDAILLON en argent, de 65 mill., portrait entouré de la légende : IOANNIS FREDERICVS. ELECTOR. DVX SAXONIE. FIERI FECIT ETATIS SVÆ. 52. Au revers, ses armes ; la légende : SPES MEA IN· DEO· EST ANNO NOSTRI SALVATORIS M· D· X·X·X·V· Fort belle exécution.

550 — MÉDAILLON en argent, de 67 mill. ; représentant, d'un côté, Adam et Eve sous l'arbre de la science du bien et du mal, au milieu d'une foule d'animaux ; et au fond, Dieu créant l'homme et la femme, et nos premiers parents chassés du paradis terrestre par l'ange ; légende : ET· SICVT· IN· ADAM· OMNES· MORIVNTVR· ITA· ET· IN· CHRISTVM· OMNES·VIVIFICABVNTVR· VNVS· QVISQVE· IN· ORDINE· SVO; dans un coin les armes de Saxe, légende : IOANNS FRIDERICVS· ELECTOR· DVX· SAXONIE FIERI· FECIT· Au revers, le calvaire, et au fond, la résurrection ; légende : VT MOSES· EREXIT· SERPENTE. ITA CHRIST·IN· CRVCE· EXALTATVS· ET· RESVSCITATVS CAPVT· SERPENTIS· CONTRIVIT· VT· SALVARET· CREDENTES. Exergue : SPES MEA IN DEO EST. signé au pied de la croix du Christ IR. 1538. Pièce très-remarquable par son exécution.

551 — MÉDAILLON en argent, de 50 mill. trois têtes, portraits avec la légende en allemand : *Les frères Jean, Georges, Joachin princes d'Analt* ; au revers, deux têtes, et au-dessous, des armoiries ; légende : *Les frères Joachin, Ernest et Bernard princes d'Analt.*

552 — MÉDAILLE en argent doré, de 50 mill. ; un saint Georges, légende : EN HONEVR DV SOVVERAIN DV TRES NOBLE ORDRE DE LA JARTIERE; au revers, au milieu de branchages d'oliviers : *Du tré haut tré puissant et tres excellent prince Charles II. par la grace de Dieu roi de la grande Bretagne, Franc. et Irlande, defenseur de la foy. M· D· C· L· XXVIII.*

553 — MÉDAILLE, de 50 mill., en argent, parties dorées ; représentant d'un côté le Calvaire, et autour la légende : *Et ego· si exaltatus· fuero· a· terra· omnia· traham· ad· me ia.* 12; au revers, le serpent d'airain accosté des lettres NV ZI, entouré de la légende; *Fac. serpentem. ereum. et. pone. pro. signo, morsu. percussus. cum. aspexerit. vivet.* Pièce rare et curieuse.

554 — MÉDAILLE argent doré, de 55 mill., représentant d'un côté la cène, avec la date de 1546 ; légende: *Desidierio. desiderari. hoc. pascha. manducare . vobiscum. ante.* QV· LV· X·I·I· 1546. Au revers, le jugement dernier, légende : *Vigilate. quia nescitis. qua. hora. Dominus. venturus. est. quere. Mat. 26:*

555—MÉDAILLE argent doré, de 50 mill., l'adoration des bergers; légende : *natus est. robis sercator. qui. est. Christus. Dominus. Lucae.* ii. 1549. Au revers, l'adoration des rois mages; légende : *magi. ab. orienta accesserunt hierosolyma. dicentes ubi est. Math.* ii.

556—MÉDAILLE d'argent, de 45 mill., représentant, sur une face, les armoiries des treize cantons suisses. Au revers, trois suisses se tenant la main; légende extérieure: *Guilluume Tell de Uri, Stauffacger de Schœiex, Erni d'Unterralden;* légende, cercle intérieur: *Commencement du pacte, dans l'année du Christ.* 1296.

557—MÉDAILLE d'argent doré, de 41 mill.; représentant, d'un côté, un roi en pied tenant le sceptre, les armes de ..... soutenues par un lion, un casque de bataille, légende : sigismvndvs archidvx avstrie, caractères onciaux romains; au revers, un cavalier armé de toutes pièces, son cheval au galop la lance au poing. Date 1486. Entouré de 16 écus armoriés.

558—MÉDAILLE, écu d'argent, de 41 mill.; buste de roi armé, date 1612; légende : iohan : georg : d : g : s : ro : imp : archin. el ; au bas, les armes de Saxe et la date 1612. Au revers, une tête entourée de dix-sept écus armoriés, et pour légende : e · avgvst · f · e · d · s : i : c : e · m :

559—MÉDAILLE en argent doré, sujet, Jésus-Christ et le centurion, date 1565, légende : *Centurio : magna : fide : impetrat : serci : salutem : mat.* au revers, Jésus-Christ et un lépreux , légende : *Mundatur : leprosus : orans : secundum : Christi : rolutatem :*

560—MÉDAILLE argent doré, de 42 mill., Jésus-Christ sur un trône, légende allemande : *Jésus-Christ roi du ciel et de la terre.* Au revers, un roi sur son trône, légende : *Charles V par la grâce de Dieu empereur des Romains.*

561—MÉDAILLE argent, écu, de 40 mill., figure de roi en pied, légende : *Max. D.G. arch. aust. dux : Bur. mag. Pruss : admi.* Au revers, un cavalier armé de toutes pièces tenant un guidon entouré de quinze écus armoriés. Daté de 1603.

562—MÉDAILLE d'argent, de 37 mill.; sur une face, la tête de Charles IX, légende : *Carolus- IX· Gallor. rex. eorum. fillius.* 1560. Au revers, les têtes d'Henry II et de Catherine de Médicis; légende : *Henricus II Gallor. rex. invictis. et. Catharina. ejus uxor* † Très-belle conservation.

8

563—MÉDAILLE en argent émaillé, de 30 mill., portrait de
roi; légende : *Richardus Romanorum rex semper augustus.* Au
revers : *Patre Joanne rege angliæ matre Isabella comes cornubiæ
dictus fratr. Henr. III. Angl. regem domi. forisq. egregie jucit res
adversus francos et saracenos strenue gessit francof. idib. jan. an.
M· CCLVII· atrib. electorib. mog. col. pal. magna auri vi redem-
tis in romanorum regem elect. aquis gr. festo ascens. coronat.
aemulum alphonsum expertus. urbib. ad Rhenum imperarit sed
thesauris consumtis basileæ a principib. desert. nono regni anno in
patriam turbatam rediit in obsidione quadam sagitta occis A· M·
CCLXXI.*

564—MÉDAILLE en bronze, de 40 mill., belle tête de Clé-
ment X; légende : *Clemens X· pont. max. an. V ;*signature : *Io
hameranus f.* Au revers, première cérémonie de l'ouverture d'un
jubilé avec la légende : *Domus Dei et porta Cœli;* datée de 1675.
Très-beau travail et parfaite conservation.

565—MÉDAILLE cuivre doré, tête de Pape, inscription :
*Innocen. XI pont. max. an III;* signature : *Opus hamerani.* Au
revers, un saint Pierre assis, légende : *Non deficiet. fides. tua.*
1679. Magnifique exécution.

566—MÉDAILLE argent doré, une tête, légende : *Mathias
D. G. AR. archi. aust. D. Burg. co. TY.* Au revers, une grue
sur un trophée d'armes et d'armures, légende : *Amat: victoria :
curam.* 1587. Belle exécution et conservation.

567—MÉDAILLE en bronze, de 40 mill., tête de Pape, inscription : *Urbanus VIII. pont. max. A. XVII.* Au revers, trois abeil-
les et la légende : *Munificencia ant. Barberini S. R. E. card.
cam. soc. Jesu anno centesimo pie celebrato s.* CIƆIƆCXXXIX. V.
KAL. OCT.

568—MÉDAILLE d'argent, de 40 mill., aux armes de Lyon,
légende: *Force union et prospérité;* au bas : *XXX mai M· D· CCXC.*
signée *Gallet;* au revers, la liberté sur un rocher et le temple
de la concorde; inscription : *Fédération martiale;* exergue : *Temple de la concorde.*

569—MÉDAILLON bronze, de 90 mill., à une seule face re-
dorée, belle tête de doge; inscription : *Marcus antonius memmo
Dux venetiarum;* signé G. Dupré F. 1612.

570— MÉDAILLON, bronze à une seule face, de 92 mill., inscription : *Mar. magdalenæ. arch. austr. mag. D. etr.*

571—MÉDAILLON, même genre et grandeur, inscription : *Christiana princ. loth. mag. dux hetrur.*

572—MÉDAILLE en bronze, de 42 mill., tête ; légende : *Innocent XII Pont. max.* Au revers, un génie supportant trois pots-à-feu ; légende : *Sed major charitas...* Belle conservation et exécution. I· V· F.

573—MÉDAILLE bronze, de 40 mill. tête, légende : *Andreas Doria P. P.* Au revers, une galère. Belle conservation.

574—MÉDAILLE à une face, bronze, de 39 mill., belle tête ; légende : *Ludovicus. dei gratia. comes palatinus rheni etatis sue. LVX ann. A....*

575—MÉDAILLE bronze, de 42 mill., sujet religieux ; légende : *Refugium peccatorum.* Au revers, *sanctus Augustinus*, légende : *Templi altitudo. ab. ipso. fundata est.*

576—MÉDAILLE en bronze, de 35 mill., tête et inscription hébraïque.

577 — ÉCU D'OR, de Charles VI, à la couronne.

578 — ÉCU D'OR, de Charles VII.

579 — ÉCU D'OR, de François I<sup>er</sup>, à la croisette.

580 — ÉCU D'OR, de Charles VIII, au soleil.

581 — ÉCU D'OR, de Philippe de Valois, avec effigie.

582 — ÉCU D'OR, de Charles IX.

583 — ÉCU D'OR, de Louis XI.

584 — ÉCU D'OR, d'Henri III.

585 — ÉCU D'OR, de Louis XII.

586 — ÉCU D'OR, de Charles X, cardinal de Bourbon.

587 — ÉCU D'OR, de Charles V, avec effigie. (Rare.)

588 — ÉCU D'OR, de Jean, roi de France, mouton d'or. (Rare.)

589 — ÉCU D'OR, d'André, doge de Venise.

590 — ÉCU D'OR, de Charles, duc de Gueldres ; 1550. (Rare.)

591 — ÉCU D'OR, de David, duc de Bourgogne ; au revers, de saint Martin.

592 — MONNAIE D'ARGENT, de Sforce (Jean Galéas-Marie); au revers, Ludovic-Marie Sforce, son oncle.

593 — MONNAIE D'ARGENT, de Galeas-Marie Sforce; beau revers, aux armes de Milan.

594 — MONNAIE D'ARGENT DORÉ, du même, aux armes écartelées de Sforce et de Milan.

595 — ÉCU D'ARGENT, de Henri II; fleur de coin.

596 — MONNAIE D'ARGENT, de Charles-Quint.

597 — DEUX MONNAIES D'ARGENT, de Charles-le-Chauve, frappées au Mans; fleur de coin.

598 — *Idem*, de Charles-le-Chauve, frappées à Paris.

599 — *Idem*, de Charles-le-Simple, frappées à *Metulus*.

600 — *Idem*, de Charles-le-Chauve, frappées au Mans.

601 — *Idem*, de Louis-le-Débonnaire.

602 — DENIERS, de Louis IX, Charles-Quint, Philippe-Auguste, etc.

603 — TRENTE-NEUF MONNAIES D'ARGENT, grecques ou parthes; non classées.

604 — SOIXANTE-SIX MONNAIES D'ARGENT, du moyen-âge; non classées.

605 — 16 ou 17 autres, mélangées.

606 — MATRICE DE SCEAU. Légende : *Contrasigillum B. Darmanhaeo.*

607 — *Idem*. Légende : *Sigillum Jacobi de Balma de albirgas inbosii projudicatur. terrarum suarum.*

608 — *Idem*, ovale; de 36 mill. sur 26. Légende : *Vicarii inquisitoris Lisbuo.*

609 — *Idem*, rondé, de 24 mill. de diamètre. Légende : *S. Anthonii de amini.*

610 — *Idem*, ronde, de 32 mill. Légende : *Jaques de Viri Seigneur de Tornay.*

611 —*Idem*, ovale, de 42 mill. sur 28. Légende : *Sigillum Johanis abbalis canonoci coich.*

612 —*Idem*, ronde, de 38 mill. de diamètre. Légende : *Sigillum Jo Jurderi se. ap. no. et co. pal. ac. eduensis canonicus.*

613 —*Idem*, ovale, de 56 mill. sur 36. Légende . *Jacobus de Poteni...... ni dador de Lavainaio.*

614 —*Idem*, ronde, de 36 mill. Légende : *S. de Henriolis Prior Lareii protonotarius apostolicus perpetuus.*

615 —*Idem*, ovale, de 48 mill. sur 30. Légende : *Sigillum magistri Petri Domini de Poncin cantor cilvanect.*

616 —*Idem*, ronde, de 30 mill. Légende : *Louise de Savoie Vicomtesse de M.*

617 —*Idem*, ronde, de 30 mill. Légende : *Sigillum comune regis matisconis.*

618 —*Idem*, ronde, de 31 mill. Légende : *Pour le comte de Mascongnois. 1545.*

619 —*Idem*, ronde, de 31 mil. Légende : *Jehan de Kanonville.*

620 — *Idem*, ronde, de 31 mill. Légende : *Scel de Pierre de Motechart.*

621 —*Idem*, ovale, de 60 mill. sur 35. Légende : *Sigillum fratris de Paula conventus foro juliensis.*

622 —*Idem*, ronde, de 33 mill. de diamètre. Légende : *Sigillum loth. spe.*

623 — *Idem*, ronde, de 53 mill. Légende : *Sigillum concilii tarife.*

624 — *Idem*, ronde, de 40 mill. Légende : *Je vuelle en etoican.*

625 — *Idem*, ronde, de 45 mill. Légende : *Scel Gville de Martigny Seigneur de S. Vailher.*

626 —MATRICES DE SCEAUX, au nombre de 31 dont le détail suit :

Légendes : *Le Cardinal F. D. B. A. D. C.* — *Sigillum Nicolai Groccholi.* — *Hoc sigillum civeelane muirolii et cunbomi.* — *Ludovicus dei gratia francorum Rex.* — *Sigillum Jacobi Domini.* — *Pasquerius eduum....* — *Seel aux maules.* — *Sigillum anthonii de Lonbacoba achibelli.* — *F. R. prepositus sancti Egidii.* —*Sigil-*

*lum malhei procuratoris hospital. teoteico. — Sigillum Johanis
ab. Decours. — Sigillum Domini de Sa-bandiæ de Leavilliæ de
maulevi....* — *Sigillum indkee Domini Schicke. — Seel de la pré-
voclé de Ligny le Chastel. — Cristophe De Longin chevalier Seigneur de Rabon. — Sigillum manente. Domini Filipi. — Sigillum
castellini Domini muli. ioi. egui. — Sigillum anthoni phri. —*
Sept autres illisibles, et cinq indubitablement faux.

627 — BOITE A SCEAU, en cuivre doré, aux armes de Charles-
le-Téméraire, duc de Bourgogne, entourées des insignes de l'ordre de la Toison d'or ; dans la partie opposée, la figure du sceau,
de la cire et du feu, au-dessous de la légende : *Je ley en priens.*
Autour, seize écus ou armoirie diverses.

# SÉRIE DES BIJOUX

## ET AUTRES OBJETS PRÉCIEUX.

**628** — BIJOU du XVIᵉ siècle, en or émaillé; représentant d'un côté Jésus-Christ sur la croix, entouré de tous les instruments de la passion, ayant autour l'inscription : *Christus mortuus propter peccata nostra.* Ro. 6. De l'autre côté, la résurrection du Sauveur, ayant autour l'inscription : *Christus resurrexit propter justificationem nostram.* Ce bijou en or émaillé d'une finesse extrême est attribué à *Benvenuto Cellini*, ou à *Agnolo.* Il présente quatre faces.

**629** — BIJOU en cristal de roche, renfermant dans un petit médaillon en verre l'agneau pascal, avec les armes d'un pape sur une face et sur l'autre le chiffre du Christ. Il est entouré de quatre petits ornements en or émaillé, ayant en bas une perle fine suspendue. (XVIᵉ siècle.)

**630** — PETIT MÉDAILLON en filigrane d'or, renfermant sous cristal de roche une petite miniature des anges en adoration devant le Saint-Sacrement. (XVIᵉ siècle.)

**631** — PETITE FIGURINE en argent doré, du XVIᵉ siècle; représentant un apôtre; grandeur de 25 mill. D'une grande finesse de travail.

**632** — PETITE FIGURINE *idem.*

**633** — PETITE FIGURINE en argent doré, du XVIᵉ siècle; représentant un apôtre, entièrement ronde bosse.

**634** — *Idem.*

**635** — PETITE FIGURINE en argent, représentant un homme jouant du tambourin.

**636** — PETITE FIGURINE en argent, même grandeur, représentant un guerrier avec une lance à la main.

637 — FIGURINE en or , représentant un Osiris ; formant pendant d'oreille. Bijou égyptien.

638 — *Idem.*

639 — PENDANTS D'OREILLES en or émaillé, formant une croix grecque suspendue à la boucle. (La paire.)

640 — PENDANT D'OREILLE en or , avec une poire en pierre verte dite chrysoprase.

641 — PENDANTS D'OREILLES en or, supportant quatre améthystes.

642 — PENDANT D'OREILLE en or , supportant une très-grosse poire en perle fine accompagnée de deux petites.

643 — PENDANT D'OREILLE en or , grande dimension : une rosette supportant une perle fine, et au-dessous une plaque supportant trois petites poires en or.

644 — JEANNETTE en argent doré , et grenat ou rubis, du XVIIᵉ siècle.

645 — MÉDAILLON en filigrane argent, de 7 à 8 cent. ; renfermant un portrait d'un comte de Charolais. (XVIIᵉ siècle.)

646 — MÉDAILLON en jais, représentant un cavalier ; d'un beau style.

647 — POISSON en argent, formant étui, partie dorée, partie émaillée.

648 — BAGUE en cuivre émaillé, supportant un rubis. (XVIᵉ siècle.)

649 — BAGUE égyptienne en or , supportant un scarabée en pierre verte.

650 — PETITE MONTRE ovale, renfermée dans une boîte de cristal de roche , montée en argent doré , portant pour inscription : *Léonard Bury à Bâle.* (Fin du XVIᵉ siècle.)

651 — MONTRE en argent, avec le cadran gravé ; portant pour inscription intérieurement : *Jean Joseph Ronso.*

652 — MONTRE renfermée dans une croix de religieuse, en cuivre doré. (XVIIᵉ siècle.)

653 — BRACELET ou BRASSARD en filigrane argent, partie dorée, avec des pierres fausses. (Fin du XVIᵉ siècle.)

654 — PETIT CHEF-D'ŒUVRE en filigrane, représentant un crabe en argent ; renfermant une boîte à pastilles, en or.

655 — FEUILLE en filigrane argent, servant de support au crabe du n° précédent.

656 — CUILLER, manche en argent d'un magnifique travail, attribué à Benvenuto Cellini. Le bout du manche se termine par une figure de Faune. (XVI° siècle.)

657 — BIJOU en cristal de roche, dans le genre de celui du n° 629, émaillé et garni de trois perles et chaînettes ; la partie du milieu vide, et destinée à recevoir des reliques ou autres objets.

658 — BAGUE en or, du XV° siècle, avec de petites rosettes saillantes autour.

659 — CROIX en or émaillé, le Christ d'un côté, la Vierge de l'autre, avec des perles fines suspendues.

660 — MÉDAILLON filigrane, pareil à celui du n° 645.

661 — BAGUE émaillée, contenant une opale.

662 — RELIQUAIRE en cristal, renfermant un os et monté en or émaillé.

663 — MÉDAILLON en or émaillé, représentant la Vierge ; surmonté d'une couronne royale ; pesant 1 once 3 deniers 24 carats.

664 — PETIT MÉDAILLON en agathe, monté en or ; renfermant un Christ à la colonne.

665 — PAIRE DE PENDANTS D'OREILLES en filigrane, argent doré et pierres de jais.

666 — MÉDAILLON grec en verre noir, encadré en filigrane, argent.

667 — MÉDAILLON en verre, émail ; Apollon.

668 — SÉVIGNÉ ou BROCHE en filigrane, or émaillé ; très-beau travail.

669 — CHEF-D'ŒUVRE, forme lanterne, en or émaillé ; renfermant un petit Calvaire sculpté sur bois, de la plus grande finesse. Légende : *Jesu dulcis, amor meus, volo semper esse tuus.*

670 — AGATHE sculptée. Une tête de mort, surmontée d'un coq, emblème de la vie et de la mort ; montée en or émaillé.

671 — MÉDAILLON en or émaillé et perles fines, renfermant la tête du Christ et celle de la Vierge. Peinture florentine.

9

672 — CASSOLETTE en agathe sculptée finement, et montée en or émaillé.

673 — CRUCIFIX en or émaillé, supportant une perle fine.

674 — BAGUE en or massif, supportant un saphir par deux têtes de dragon, sortant de couronnes royales ou princières.

675 — BAGUE. Rosace d'émeraudes.

676 — BAGUE. Deux mains sortant de deux petites têtes.

677 — BAGUE supportant un saphir.

678 — FIBULE en argent doré, émaillé.

679 — MÉDAILLON en argent doré, repoussé; représentant un saint Georges combattant le dragon : on présume que cette plaque appartenait au collier de l'ordre de saint Georges. Magnifique exécution attribuée à Benvenuto Cellini.

680 — CEINTURON ou support d'épée en argent, gourmette, plaques ornemanisées.

681 — COLLIER de chevalerie en argent, composé de vingt-une plaques richement ornemanisées, et réunies chacune par deux petites rosettes.

682 — COLLIER de chevalerie en argent doré, composé de trente-quatre plaques richement ornemanisées et ciselées, réunies chacune par deux petites rosettes.

683 — MÉDAILLE filigrane, sujet religieux.

684 — DEUX PETITS COUTEAUX, manche en argent, couvert des monogrammes. Présumés de Diane de Poitiers.

685 — COLLIER en verre de Venise, émaillé, antérieur au XII<sup>e</sup> siècle.

686 — FERMOIR DE LIVRE en argent, richement ciselé à jours. (XVII<sup>e</sup> siècle.)

687 — TÊTE D'ENFANT en corail, finement sculptée.

688 — QUATRE MÉDAILLONS en argent, style byzantin; ayant été émaillés.

689 — MONTRE en argent, à réveil; ciselée à jours.

690 — TRIPTYQUE en argent. Deux petits médaillons émaillés, de 21 cent. de large, sur 18 de haut. (XV<sup>e</sup> siècle.)

691 — COUPE en agathe, montée en argent doré; de 10 cent. et demi de haut.

692 — BUIRE en cristal, montée en argent, richement ciselé, de 12 cent. de haut; aux armes de ALBERTUS COMES PALATINI RHENI..... DUCIS... (XVIᵉ siècle.)

693 — PETIT GROUPE en argent, de 14 cent. de haut, sur 11 de large; composé de sainte Anne, l'enfant Jésus et une princesse. Armoiries en bas : une fleur de lis accompagnée de deux écussons. L'un d'argent à la croix de gueules; l'autre, de *Sugger, en Allemagne, qui sont écartelé au premier et quatrième des émaux de France* à deux fleurs de lis de l'un en l'autre; au deuxième d'argent à une mauresque habillée de sable, les cheveux épars, supportant de la main droite une mitre de gueules; au troisième de gueules à trois cornets enguichés l'un sur l'autre d'argent. Inscription allemande : *O sainte femme sainte Anne qui avez mis au monde Marie la Reine du Ciel, soyez-nous en aide 1513.* Sur le revers sont gravés deux personnages.

694 — PISTOLET, chef-d'œuvre, de 60 mill. de long. Décoration, dit-on, du prix du tir à l'arquebuse.

695 — BATTERIE d'un semblable bijou.

696 — COUPE en agathe.

697 — TÊTE DU CHRIST, sculptée sur jaspe sanguin très-finement; montée en or, pendue à une petite chaîne.

698 — MÉDAILLON en pierre dure, marbre blanc; chef-d'œuvre du XVIᵉ siècle, représentant un sujet religieux, d'une grande finesse d'exécution.

699 — CROIX en argent, de 24 cent. de haut, formant reliquaire; partie dorée, et inscription en caractères gothiques sur le pied.

# SÉRIE DES ARMES ET ARMURES.

700 — SABRE hongrois, dont la poignée est surmontée d'une tête de lion, garde percée à jours.

701 — SABRE, *id.*

702 — ÉPÉE de page, poignée à écailles dorées et argent incrusté.

703 — ÉPÉE espagnole, garde en coquille.

704 — ÉPÉE italienne, garde à lacets.

705 — ÉPÉE Louis XIV, très-belle ciselure sur fond doré avec la garniture de son fourreau.

706 — ÉPÉE, même époque, garde ciselée et à jours.

707 — ÉPÉE, garde en fer ciselé. ( XVe siècle. )

708 — ÉPÉE, poignée en fer incrusté d'or, aux armes de Saxe.

709 — CLAYMORE ou épée écossaise.

710 — SABRE de l'empereur Sigismond, avec son fourreau; poignée et garde richement ciselées, incrustées d'argent et portant le chiffre de l'empereur Sigismond. Le lion d'Autriche est incontestablement rappelé à toutes les extrémités des ornements, et le mufle de la tête de lion formant pommeau, représentant la couronne impériale.

711 — ÉPÉE espagnole, surmontée d'une tête de maure.

712 — ÉPÉE espagnole, garde ornemanisée.

713 — ÉPÉE espagnole, surmontée d'une tête de nègre, garde à coquille, percée à jours.

714 — ÉPÉE du siècle de Louis XIII, garde et pommeau ciselés.

715 — GRANDE ÉPÉE, dite Rapière, lame triangulaire, garde finement percée à jours.

716 — ÉPÉE, dite de templier, garde en croix.

717 — ÉPÉE, garde à lacets ciselée.

718 — MAGNIFIQUE POIGNÉE D'ÉPÉE, fer richement ciselé, lame brisée, inscription : *Wilhelm Wirsbergh me fecit. Solingen.*

719 — ÉPÉE, garde ciselée.

720 — ÉPÉE, lame gravée, inscription : *Virtus. funeri superstes.* 1622 *fide. sed cui- vide*, et de l'autre côté : *Gloria virtutem sequitur : soli Deo gloria.* Garde en fer richement incrustée d'argent.

721 — ÉPÉE, garde et poignée en fer richement ciselé.

722 — ÉPÉE à deux mains.

723 — GUIZARNE, espèce de masse d'arme.

724 — *Idem.*

725 — ÉPÉE espagnole, poignée à beaux lacets, lame marquée de Tolède, signée Momteret.

726 — ÉPÉE Rapière, lame triangulaire, garde à jours.

727 — CLAYMORE.

728 — *Idem.*

729 — *Idem.*

730 — *Idem.*

731 — *Idem.*

732 — ÉPÉE à deux mains, lame et garniture gravées récemment.

733 — GARDE D'ÉPÉE en fer gravé, avec des médaillons en argent d'une magnifique exécution.

734 — GARNITURE DE SABRE en fer finement ciselé, du règne de Louis XIV.

735 — POIGNARD, manche en ivoire sculpté.

736 — DAGUE dite de miséricorde, lame triangulaire, poignée ciselée.

737 — POIGNARD, lame striée, garde et pommeau finement ciselés.

738 —TROUSSE COMPLÈTE, composée de cinq pièces, les manches en fer doré et finement ciselé, garnis en nacre. (XVIe au XVIIe siècle.)

739 —POIGNARD bernois, manche richement et finement ciselé; représentant l'ours de Berne, terrassant un lion, figures et animaux; sur le fourreau, l'histoire de Guillaume Tell, pièce très-remarquable.

740 —POIGNARD, lame striée, poignée ajustée en bois sculpté, composée de deux figures.

741 —POIGNARD florentin, garde riche et restaurée.

742 —POIGNARD, lame striée à jours, poignée en fer ciselé.

743 —DAGUE de miséricorde, lame triangulaire et portant des marques numérotées depuis 1 jusqu'à 120, avec interruptions; poignée en corne et cuivre.

744 —UNE PAIRE D'ÉPERONS richement travaillés, à grandes molettes. (XVIe siècle.)

745 —UNE PAIRE D'ÉPERONS richement et finement ciselés. (XVIe siècle.)

746 —MASSE D'ARME, fer ciselé.

747 —PETIT MARTEAU D'ARME.

748 —MASSE D'ARME, fer ciselé.

749 —POIRE A POUDRE.

750 —MORS DE CHEVAL.

751 —MORS DE CHEVAL, avec ses bossettes, sur lesquelles sont écrits ces mots : *Cheval portant bossettes écrites saute mieux, ou allonge le pas.*

752 —MUSELIÈRE aux armes de Charles-Quint tenues par deux salamandres; inscription allemande : *Quand Dieu le voudra, mon heure sera venue* 1561 ; plus bas *préserve Bernhard.*

753 —HACHE ET MARTEAU D'ARME, manche garni en velours.

754 —POIRE A POUDRE, ciselée, bosselée et à jours; endommagée.

755 et 756 — DÉBRIS D'UNE ARMURE DE CHEVAL.

757 —POIRE A POUDRE en ivoire, gravé; sujet tiré de la Genèse, chap. xxiv. garniture en cuivre redoré.

758 — POIRE A POUDRE en cuir, finement repoussé avec sa garniture en fer.

759 — *Idem*, forme conique.

760 — POIRE A POUDRE, garniture en cuivre doré, richement ciselé; représentant un cavalier.

761 — CARTOUCHIÈRE, fer gravé et doré.

762 — POIRE A POUDRE en corne de cerf, gravé avec sa garniture, cordons et glands.

763 — HALLEBARDE.

764 — *Idem*.

765 — *Idem*.

766 — *Idem*.

767 — *Idem*.

768 — HALLEBARDE à fer gravé, garnie de son gland.

769 — HALLEBARDE, fer richement ciselé et doré, garnie de son gland et de velours rouge.

770 — HALLEBARDE, fer à feuilles d'artichaut gravé, son support forme dragon.

771 — HALLEBARDE, fer à jours, croissant et pointe; portant quatre mascarons, têtes de guerriers peintes, son bâton garni de velours et portant son gland.

772 — FOURCHETTE, porte-arquebuse, magnifiquement ciselée, formant en même temps épée, dont la lame porte des marques inintelligibles; le bâton formant étui, porte sa garniture.

773 — ARMURE dite bourguignotte complète, un des gantelets refait.

774 — POIRE A POUDRE.

775 — CASQUE dit morion, richement gravé et doré.

776 — ARMURE d'enfant incomplète; portant plusieurs monogrammes.

777 — CASQUE dit morion, gravé à incrustations d'or et d'argent.

778 — BOUCLIER gravé.

**779 — BOUCLIER** repoussé, richement ciselé ; sujet : le combat des Centaures et des Lapithes aux noces de Pirithoüs ; qu'on dit avoir appartenu à Charles Stuart, maréchal d'Aubigny.

**780 — BOUCLIER** gravé.

**781 — BOUCLIER** en fer repoussé ; représentant Jupiter foudroyant les Titans, au-dessus de la Discorde ; bordures à figures dragons et rinceaux. Magnifique exécution.

**782 — HAUSSE-COL** en cuir, ciselé et peint. (Antérieur au XIVe siècle.)

**783 — HAUSSE-COL** en argent, bosselé et richement ciselé ; sujet représentant Tancrède tuant un Turc au siége de Nicée, portant pour marque un R et une fleur de lis, couronnés ; qu'on prétend avoir appartenu au maréchal de Rohan. Réargenté.

**784 — ARQUEBUSE** à mèche, bois incrusté d'ivoire peint.

**785 — ARQUEBUSE** à rouet, bois incrusté d'ivoire, finement gravé.

**786 — ARQUEBUSE** à rouet, bois incrusté de fer gravé.

**787 — ARQUEBUSE** à rouet, bois finement incrusté d'ivoire gravé.

**788 — PETITE ARQUEBUSE** à rouet, bois finement et richement incrusté d'ivoire gravé, signée A H G Z S, et des armoiries indéchiffrables.

**789 — ARBALÈTE**, manche en bois, incrusté d'ivoire gravé ; garnie de son cric.

**790 — UNE PAIRE DE PISTOLETS** à rouet, manche incrusté d'ivoire.

**791 — UN PISTOLET** à rouet.

500
serait moderne
selon E.Piot

# SÉRIE DES ANTIQUITÉS.

792 — TOMBEAU en pierre, ornements sculptés;

*Inscription :*

TIBERI· CL· PASTORIS MIL· COH·
VIII· PR· P· VE QVIT· QVIM· ANNI
XVIX ANN· XXVII D· XXV· B· M·
FECER HER· MATVRIVS PRBENSES
ET· PRIMIVS PRIMI GEN.

793 — MOULE A FONDRE les monnaies du Bas-Empire, composé de cinq parties.

794 — MOULE de tête de lion, fort beau style.

795 — AGRAFES de ceinturon d'épée en bronze, formées par deux béliers et une tête de dragon. Belle patine.

796 — AGRAFE, même genre, incomplète.

797 — UNE PAIRE DE BRACELETS, bronze.

798 — BUSTE DE FEMME en bronze, très-fruste.

799 — GRUE en bronze, finement ciselée.

800 — MERCURE, statuette en bronze.

801 — FORTUNE en bronze, debout.

802 — FORTUNE, en bronze; assise, représentée avec une roue. Exemple rare.

803 — ESCULAPE en bronze; fort beau de style.

804 — VASE en bronze étrusque; forme d'une tête de femme, beau style, belle patine.

10

805 — MURIOT ou grotesque, auquel il manque un bras et les deux pieds. Superbe pièce étrusque.

806 — TÊTE DE MAURE en bronze, formant vase, d'un style magnifique et superbe patine.

807 — STATUETTE de 16 cent. représentant un Grand-Prêtre tenant l'*acerra* de la main gauche et l'encens de l'autre. Superbe pièce.

808 — PIEDS D'IBIS, en bronze, sur un socle en sicomore.

809 — BOUT DE LANCE ou de javelot, bronze.

810 — COINS en bronze, qui étaient ajustés aux bouts de petits bâtons que les soldats romains plaçaient dans les joints des pierres des fortifications pour monter à l'assaut, comme semblent le prouver ceux qui ont été trouvés dans des fouilles faites il y a peu d'années à Sens, encore fichés dans des murs antiques.

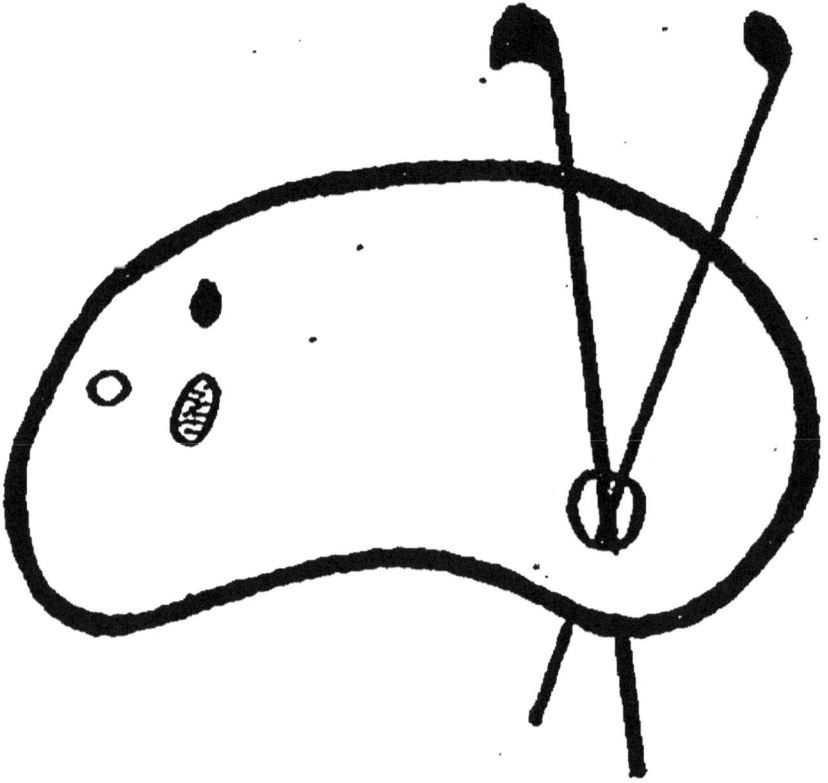

ORIGINAL EN COULEUR
NF Z 43-120-8

www.ingramcontent.com/pod-product-compliance
Lightning Source LLC
Chambersburg PA
CBHW070904280326
41934CB00008B/1573